KB102244

Table Work
마술을 위한 타짜의 기술

Table Work
마술을 위한 타짜의 기술

ⓒ 김정명, 2024

개정판 1쇄 발행 2024년 2월 1일

지은이   김정명
펴낸이   이기봉
편집   좋은땅 편집팀
펴낸곳   도서출판 좋은땅
주소   서울특별시 마포구 양화로12길 26 지월드빌딩 (서교동 395-7)
전화   02)374-8616~7
팩스   02)374-8614
이메일   gworldbook@naver.com
홈페이지 www.g-world.co.kr

ISBN   979-11-388-2713-3 (03690)

Table Work
마술을 위한 타짜의 기술

김정명 지음

좋은땅

바로 코앞에 있는 사람을 속이는 것이 여간 쉬운 것이 아니다. 그렇기에 카드마술에서 사용되는 기술들이란 배우고 배울수록 공부하고 공부할수록 보다 깊이 들어갈수록 원리와 구조를 보면 볼수록 사람을 속이는 기술에 대한 감탄의 연속만이 있을 뿐이다.

이 책의 기술들은 너무나 많고 많은 마술사들이 수세기 동안 바통을 이어 가며 수정과 수정의 과정을 거쳐 만들어 낸 결과물이다. 그렇기에 이러한 역사 깊은 기술들을 부족한 내가 소개한다는 것은 큰 부담이 아닐 수 없지만 그보다 큰 문제는 이러한 기술들을 배울 수 있는 국내 자료나 콘텐츠가 거의 존재하지 않는다는 것이다. 필자 역시 많이 기다려 왔지만 결국에는 스스로 행동에 옮길 수밖에 없었다.

사실 국내에도 이 책의 마술적 취지와는 완전히 다르지만 타짜의 기술에 대해 다룬 서적이 있긴 있다. 하지만 이 분야에 대해서 조금이라도 공부한 마술사들은 우리나라 타짜들이 말하고 소개하는 기술들은 어린애 장난수준에도 못 미칠 정도로 수준이 낮다는 것을 알 수 있을 것이다. 우리나라 타짜들이 사용하고 있는 기술들을 보면 대부분의 해외 마술사들이 40~100년 전에 이미 기술적으로 잘 정리해 놓은 기술들을 어쭙잖게 따라 해 재생산된 말도 안 되는 기술들인데 그걸 또다시 잘 정리하고 포장해서 책으로 재생산하니 공부한 사람의 입장에서 본다면 얼마나 웃기고 어이가 없을지는 독자들의 상상에 맡기겠다.

1902년 출판된 S.W. Erdnase의 'Expert at the card table'이 지금 우리나라 타짜들이 사용하는 기술들을 모든 면에서 능가한다. 어찌 100년이 넘는 과거의 기술보다 더 뒤처질 수 있는가? 다행히도 필자는 이 모든 기술들을 우리나라 타짜들의 영향을 단 1%도 받지 않고 썼음으로 걱정하지 않아도 된다. 이 책은 타짜를 키우는 것이 아니라 마술사에게 사용할 유용한 무기를 주고 타짜들에게로부터 잃어버린 우리 마술사 대선배님들에게 기술 credit(출처)을 찾아 주는 것이다.

이 책의 모든 기술은 원작자의 원작 그대로 또는 최대한 보편적 방법에 가깝게 소개하려고 많은 노력을 쏟았다. 마술의 트릭이나 연출에 대한 서적이 아닌 기술에 대한 서적이기 때문에 기술에 대한 복잡한 바리에이션(응용법)보다는 구체적인 기술적 원리 설명과 기술의 이해도를 높이는 것에 초점을 강하게 두었다.

2011. 8. 24 김정명

[www.Lnmagic.co.kr에 접속 한 후 '해법영상보기'를 클릭후 비밀번호 '03T1L1N6'를 입력하시면 책의 내용을 동영상 강의로 만나보실수 있습니다.]

••• CONTENTS

•• CONTENTS

··· CONTENTS

01...카드샤크 소개

카드샤프(Card sharp) 혹은 카드샤크(card shark)란 카드게임에서
카드를 이용한 기술을 이용하여 자신에게 유리하도록 만드는 사람 혹
은 카드도박의 고수를 뜻하기도 한다. 간단히 우리말로 타짜라고 생각
하면 편할지도 모르겠다.

카드샤크는 카드마술에는 놀라울 정도로 엄청난 영향력을 미쳤다. 그
렇기에 현대의 카드샤크의 단어 속에는 카드마술에서 사용되는 기술
이라는 의미로도 확장되어 사용되고 있으며 특히 도박장에서 유래된
카드기술인 테이블 워크(바닥을 사용하는 카드기술)나 딜(카드를 나눠
주는 기술)링 그리고 쉬프트(바꿔치기) 등을 뜻할 때에 주로 사용된다.
카드마술에서 사용되는 수많은 기술들의 유래가 겜블링 테이블(도박
장)이라는 것은 카드마술을 좀 배워 본 사람이라면 인정할 수밖에 없
을 것이다. 스티브 포르테(steve forte) 마술사나 리차드 터너(richard
turner) 마술사같이 카드샤크의 기술을 중점으로 연습하고 마술사 활
동을 하는 마술사들도 있다.

이러한 도박장에서 유래한 기술들을 물론 마술에도 적용시켜서 굉장
히 독창적이고 환상적인 연출을 만들기도 하지만 카드샤크의 기술을
특기로 둔 마술사들의 꽃은 바로 겜블링 데몬스트레이션(gambling
demonstration)이다. 즉 카드샤크가 존재한다는 것을 시범을 보이는
엑트(마술)이다.

겜블링 데몬스트레이션은 언제나 관객들에게 흥미를 가져다준다. 정말
로 손은 눈보다 빠른지 정말로 타짜라는 직업을 가진 사람들이 존재
할 수 있을까라는 궁금증을 한 번이라도 생각해 본 사람이 겜블링 데

몬스트레이션을 구경하게 된다면 카드마술과는 전혀 다른 놀라움을 맛보게 될 것이다.

실제로 본 적은 없고 듣기만 해 본 밑장빼기라던가 섞어도 안 섞이는 타짜들만의 기술이라던가. 만화에서나 나오는 것처럼 고의로 상대방에게 높은 패를 주고 자신은 더 높은 패를 가져서 큰돈을 얻는다는 것이 가능한지를 바로 눈앞에서 확인할 수 있다는 것은 카드게임을 조금이라도 해 본 사람이라면 흥미가 없지 않을 수가 없다. 게다가 트릭딜(밑장빼기 같은 종류의 기술) 같은 기술들은 난이도가 있는 기술들이기 때문에 카드마술 매니아들에게도 큰 열광을 얻는다.

이 책에 나오는 기술들이 모두 어렵다는 것은 아니다. 테이블 워킹 파트에서 소개될 테이블 컷 같은 경우는 누구나 쉽게 따라 할 수 있을 정도로 쉬우면서도 실제 카드게임에서 아주 자연스럽고 유용하게 사용될 수 있는 기술들이다. 물론 이 책의 목적은 그런 용도가 아니지만 말이다.

겜블링 데몬스트레이션의 궁극적인 목적은 사기도박의 대한 경각심을 알리는 것이다. 간혹 tv에서 전직 타짜니 뭐니 하는 사람들이 나와서 이 기술들은 타짜들이 실제 사용하는 기술이니 한 번 보라는 식으로 묘기를 부리듯이 하는 기술을 펼치는 것도 겜블링 데몬스트레이션의 일종이라고 볼 수 있다. 국내 tv에서는 그런 사람들을 마치 카드와 화투짝을 매우 엄청나게 잘 다루는 기인마냥 연출하나 그 정도의 수준을 구사하는 것은 크게 어려운 일도 아니다.

앞서 말했듯이 카드샤크의 기술들은 겜블링 데몬스트레이션뿐만 아니라 카드마술에도 유용하게 사용될 수 있다. 특히 특정카드를 완벽하게 제어할 수 있는 카드 컨트롤으로 사용될 때 빛을 발한다. 한 장의 카드뿐만이 아니라 블록(여러 장의 카드)단위로도 컨트롤이 가능한 것은 물론 원한다면 52장 모든 카드들을 완벽하게 컨트롤할 수도 있다. 이러한 컨트롤 기술을 마술을 보는 관객의 눈앞에서 아주 자연스럽게 구사할 수만 있다면 무엇을 더 바라겠는가? 마술사에게는 최고의 무기가 될 것이다.

02...카드샤크 그림과 역사

현대 우리가 사용하고 있는 플레잉 카드를 이용한 카드게임은 14세기부터 본격적으로 유럽 전역에서 시작됐다고 알려진다. 그렇다면 과연 카드를 사용하는 사기도박 즉 카드샤크는 언제부터 시작되었을까? 아마도 카드게임이라는 오락이 등장하자마자 동시에 시작됐을 것이다. 어떤 이들은 카드를 이용해 만들어진 오락보다 더 먼저 카드샤크가 등장했을 거라고 주장하기도 한다.

그들의 근거는 플레잉 카드라는 것이 등장하기 전에도 당시에 많은 사기 도박가들이 이미 그들의 사회 속에 많이 존재했었다는 사실 때문이다. 카드가 등장하기 전에도 사기 도박가들은 지금의 야바위의 시초가 되는 컵과 볼(cups&balls)이나 주사위 등 당시에 이루어졌던 모든 오락거리를 그들의 사기도구로 사용했기 때문이다.

그 당시 사기 도박가들이 요즘 날의 타짜처럼 드물고 찾아보기 힘든 직업이라고 생각하면 오산이다. 그 당시에는 현대와 달리 TV나 인터넷 같은 오락거리가 전혀 없었기 때문에 카드게임을 비롯한 각종 오락거리는 우리가 상상하는 것 이상으로 그들의 삶에 큰 비중을 차지했을 것이며 큰 비중만큼 오락거리를 이용한 사기꾼들의 수 역시 많았을 것이다.

시간이 흐르고 흐를수록 카드를 이용한 오락이 발전함과 동시에 카드를 이용한 속임수나 기술 역시 발전했으며 그리고 그 발전한 속임수나 기술들이 아주 자연스럽게 마술계로 흘러 들어왔고 우리 마술사들은 그들의 노력에 의해 굉장히 많은 혜택을 누리고 있다.

당시 화가들이 사기 도박가들을 주제로 그린 그림들이 지금까지 많이 남아 있는 것만 봐도 사기도박이라는 것이 얼마나 그들의 사회 속에 빈번한 것이었는지 그리고 이슈가 되었는지를 직접적으로 말해 준다.

아래 그림은 당시 유럽의 사기 도박사들 모습을 보여 주고 있다. 실제로 속임수를 사용하는 그림은 아니지만 한 야바위꾼이 컵과 볼로 한 관객의 시선을 끌고 있을 때 옆에는 작은 꼬마아이가 뒤에는 한 청년이 관객의 주머니를 노리고 있는 그림이다. 현대 마술사들이 사용하는 미스디렉션과 같은 원리다.

The Conjurer (마술사)
Hieronymus BOSCH (1450 – 1516)

미스디렉션(misdirection) 고의적으로 상대방의 시선과 집중을 다른 곳으로 향하게 하는 기술.

The Cardsharps a.k.a The Card Sharpers
(타짜)Michelangelo MERISI da CARAVAGGIO (1573 – 1610)

위 그림은 카드샤크 그림의 대표가 될 수 있는 그림이다. 이 그림을 시작으로 하여 카드샤크를 주제로 한 그림들이 폭발적으로 늘어났다고 한다. 이 그림은 많은 화가들에게 영감을 주었으며 수십 점의 패러디물들이 있다. 사기도박단의 모습을 그린 작품이다. 그림을 자세히 보면 한 남자가 카드를 엿보며 손가락으로 카드의 숫자를 알려 주고 있다. 그것을 본 그의 파트너는 허리춤에서 미리 숨겨 둔 카드를 꺼내고 있는 모습이다.

왼쪽 그림은 두 명의 젊은 도박사가 한 노인을 두고 도박을 하는 모습인데 노인은 젊은 도박사들을 의심하고 있으며 젊은 도박사들은 결백의 제스처를 취하고 있다.

The Gamblers (도박사들) –1623 Hendrick TERBRUGGHEN (1588 – 1629)

 하지만 이들은 속임수를 쓰고 있었다. 사진을 확대해서 보면 한 주사위의 숫자가 3과 4가 서로 반대쪽에 위치하지 않고 있음을 볼 수 있다. 보통 일반적인 주사위라면 양 반대쪽 면의 숫자들의 합이 7이 되기 위해 3과 4는 서로 반대쪽 면에 있어야 하지만 사진에서는 그렇지 않다.

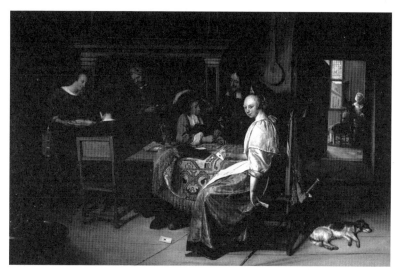

The Card players — 1660
Jan Steen (1625 or 1626 — 1679)

위 그림은 한 여성이 몰래 카드를 스스로 숨기고 있는 모습이다. 상대방은 누군가에 의해 시선을 빼앗기고 있으며 바닥과 여자의 오른손 그리고 왼손에는 모두 에이스가 있다. 그리고 의자 뒤에는 만약의 사태를 대비하기 위함인지 역시 검이 준비되어 있다. 대부분의 사기 도박가들을 주제로 한 그림 속에는 언제나 무기를 찾아볼 수 있다.

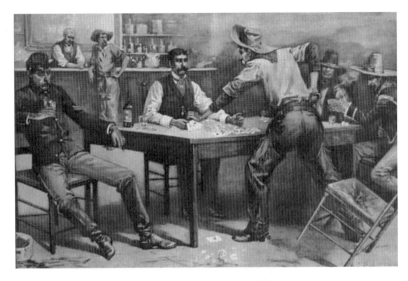

A call In arizona - 1895
A.C Redwood

위 그림은 미국서부의 배경이다. 한 남성이 굉장히 태연하게 앉아 에이스들을 보여 주고 있으며 또 다른 한 남성은 자리에서 벌떡 일어나 뒷주머니에서 총을 꺼내려고 하고 있다.

사진을 확대해서 보면 두 개의 하트에이스가 존재한다는 것을 알 수 있다. 하나는 바닥에 또 하나는 상대방의 패 안에 있다.

PART 01

Basic Knowledge

테이블 워크란 말 그대로 테이블 즉 탁자 위의 기술 즉 바닥을 사용하는 기술을 의미한다. 필자가 너무나 존경하는 마술사들의 마술사 (Magician's magician) 데럴(Daryl) 마술사는 테이블 워크를 우아 (Elegant)하다고 표현한다.

일반인을 기준으로 실제로 누구에게든지 카드를 섞어 보라고 하면 테이블을 이용해서 카드를 섞는 사람은 거의 보지 못할 정도로 드물다. 아마 대부분의 사람들에게 카드를 섞어 보라 하면 화투를 섞듯이 섞거나 좀 카드를 만져 본 사람이라 해도 고작 리플 셔플을 할 뿐이다. 앞에 테이블이 있어도 그들에게는 테이블은 테이블이고 카드는 카드다. 섞는 방법은 달라지는 법은 없을 것이다.

손의 모션의 동선이라든지 다른 셔플(카드를 섞는 것)에서는 찾아볼 수 없는 리듬감 덕분에 테이블 워크는 데럴의 표현대로 우아하다. 테이블 워크의 큰 장점은 분명히 일반적이지 않으나 딱히 크게 낯설어 보이지도 않는다는 것이다. 테이블셔플은 주로 카지노 딜러들이 사용하는 셔플이며, 카지노에서 테이블셔플은 필수이다. 카지노에서 테이블셔플을 하는 이유는 셔플 도중 맨 아래 장이 손님들에게 비추어지지 않게 하여 게임에 지장을 주지 않도록 하는 것이다.

이 책에서 배울 테이블 워크의 목적은 물론 카지노의 딜러의 셔플을 배워 보자는 것이 아니다. 이 책에서 배울 것은 정상적인 테이블셔플을 모방함과 동시에 카드를 완벽하게 원하는 대로 컨트롤하는 것이다.

누구에게나 섞는 것처럼 보여야 하나 실제론 카드가 섞여선 안 된다. 이 두 마리의 토끼를 다 잡아야 한다.

필자는 테이블 워크의 매력에 푹 빠져 있으며 끊임없이 새로운 테이블 셔플과 컷(카드를 나누는 것)을 찾아다니며 배우고 또 직접 개발하기도 한다. 테이블 워크의 테이블 컷은 매우 기초적이라고 말할 수 있을 정도로 쉽다. 하지만 기술적 원리는 쉬울지언정, 그것을 능숙하게 다루는 것은 결코 쉽지 않다. 각 컷이 가지고 있는 고유의 리듬을 살리면서 부드럽게 움직이는 손 그리고 스피드 이 세 가지가 완벽하게 조화를 이루게 해야 한다. 조화를 이루게 하지 못한다면 단순히 둔탁한 기리일 뿐이다.

앞으로 소개할 테이블 워크를 포함한 모든 카드샤크 기술들은 정말 수많은 마술사들이 수세기 동안 수정과 수정의 과정을 거쳐서 만들어낸 노력의 결과물들이다. 이들의 노력과 그의 결과물인 기술들은 모든 사람들에게 존중받아야 할 가치가 분명히 있다. 이 기술들에게 많은 노력을 쏟아부음으로써 최고의 대우를 해 주길 바란다. 아니 그렇게 해야만 한다.

• • • 용어 (Terms)

굳이 영어식 마술용어를 한글화시키려는 것은 큰 의미가 없는 일이라고 생각한다. 오히려 혼란을 야기할 것이다. 예를 들어 굳이 바텀딜을 밑장빼기라고 설명을 할 필요는 없다. 축구와 같은 스포츠에서도 이미 오프사이드, 스로인, 프리킥과 같이 이미 충분히 한글화시킬 수 있는 것임에도 불구하고 영어식 용어를 사용하는 이유는 이미 대부분의 사람들에게 의미전달이 정확하게 될 정도로 통상화되었기 때문이며 밑장빼기를 바텀딜이라고 말하는 이유도 바로 같은 이치이다. 물론 마술이나 카드기술에 관심이 전혀 없는 경우라면 '바텀딜'이라는 용어는 다소 생소할 수 있겠으나, 이미 마술인들 사이에서는 의미전달이 정확하게 되는 용어이며 이 책을 읽음으로써 당신도 그 마술인들 중 하나가 되길 바란다.

• • • 꼭 알아야 할 카드 용어

덱(Deck) : 52장으로 구성되어 있는 하나의 플레잉 카드를 뜻한다.

그립(Grip) : 덱을 잡는 법

탑(Top) : 덱의 윗부분

바텀(Bottom) : 덱의 밑부분

탑 카드(Top card) : 맨 위 장

바텀 카드(Bottom card) : 맨 아래 장

블록(Block) : 여러 장의 카드들이 하나로 뭉쳐 있는 상태

세팅(Setting)
특별한 목적을 위해 관객이나 상대방 몰래 미리 준비해 두는 것

스톡(Stock) : 목적을 위해 존재하는 세팅된 블록
(예 : 카드게임에서 이기기 위해 순서대로 짜인 카드들, 카드마술을 위해 세팅
되어 있는 카드들)

딜(Deal)
카드를 한 장씩 바닥이나 테이블에 내려놓는 행동을 딜이라고 한다.
다른 사람들에게 카드를 나눠 주는 행동 역시 딜이라고 하며, 그 행동
을 실행하는 사람을 딜러라고 부른다.

셔플(Shuffle) : 카드를 섞는 모든 행동

컷(Cut)
카드를 낱장이 아닌 블록별로 카드를 떼어 내는 행동. 컷으로 인해 카
드가 섞이게 되면 셔플이라고 표현하기도 하지만 주로 컷과 셔플은 구
분되어 설명된다.

폴스(False)
거짓이란 뜻으로 보이기에는 기술을 정상적으로 하는 것처럼 보이나
사실상 그렇지 않은 경우를 뜻한다.

폴스 컷(False cut)

컷을 한 것처럼 보이나 실제로는 컷이 전혀 이루어지지 않거나, 일부분만 컷이 되어 마술사가 특정한 카드의 위치를 알 수 있는 모든 컷을 통칭한다. 트릭 컷이라고도 한다.

폴스 셔플(False shuffle)

카드를 섞은 것처럼 보이나 실제로는 카드가 섞이지 않거나, 일부분만 섞여 마술사가 특정한 카드의 위치를 알 수 있는 모든 셔플을 통칭한다. 트릭 셔플이라고도 한다.

블라인드 셔플, 컷(Blind shuffle, cut)

덱의 모든 카드의 위치가 전혀 바뀌지 않는 컷이나, 셔플

브레이크(Break) : 손가락을 이용해 덱 사이에 공간을 만들어 특정한 위치나 카드를 표시하는 것

조그(Jog) : 특정한 위치나 카드를 기억하기 위해 카드 혹은 블록이 옆이나 앞뒤로 튀어나와 있는 상태

인 조그(In jog) : 카드가 마술사의 몸 쪽을 향해 조그되어 있는 상태

아웃 조그(Out jog) : 카드가 관객을 향해 조그되어 있는 상태

사이드 조그(Side jog) : 카드가 덱 옆으로 조그되어 있는 상태

리플 : 덱의 일부분만을 들어 올린 후 한 장 한 장씩 다시 떨어트리는 동작

●●● **환경** (Environment)

테이블 워크에는 큰 영향을 미치는 환경적 요소가 두 가지가 있다.
바로 바닥과 카드이다.

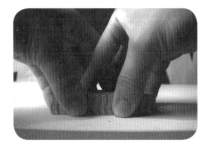 

*딱딱한 바닥에선 손이 바텀 카드를 확실하게 잡을 수 없다.

나무로 된 바닥이나 유리로 된 바닥처럼 딱딱한 바닥은 테이블 워크
기술들에 치명적으로 악영향을 미친다. 특히 유리로 된 바닥 같은 경
우는 일반 바닥보다 종이와의 밀착성이 높기 때문에 더욱더 큰 악영향
을 미친다. 딱딱한 바닥은 카드를 테이블 컷을 하거나 테이블 서플을
할 때 손으로 바텀 카드를 완벽하게 잡지 못하는 실수를 유발시킨다.

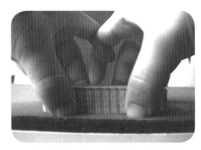 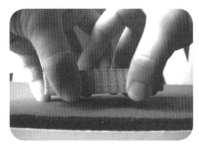

*푹신한 바닥에선 손이 바텀 카드까지 확실하게 잡을 수 있다.

바닥에 볼륨감이 있다면 바텀 카드까지 안정적으로 손으로 카드를 집을 수 있게 된다. 이것이 마술사들이 사용하는 클로즈업-패드가 딱딱하지 않은 결정적인 이유 중 하나다. 패드의 깊이가 패드의 질을 결정한다는 말도 떠돌 만큼(물론 사실이 아니다) 마술사들은 딱딱한 바닥보다는 푹신푹신한 바닥을 선호한다. 하지만 굳이 클로즈업 패드가 아니어도 바텀 카드까지 손으로 집어내는 데 문제가 없는 그 어떤 바닥이라면 충분하다.

● ● ● 카드

세상에는 온갖 다양한 카드의 백 디자인(카드의 뒷면 디자인)이 존재한다. 이 수만의 백 디자인들을 단 두 가지로 분류하자면 그것을 가능하게 하는 것은 바로 카드 백 디자인의 테두리의 유무다. 물론 테두리가 있든 없든 기술상으로는 아주 조금의 영향도 미치지 않는다. 테두리의 존재의 유무가 영향을 미치는 것은 기술이 아닌 관객과 상대방의 시각이다. 특히 세컨딜(두 번째 장을 딜하는 기술)이나 바텀딜(밑장빼기)과 같은 트릭딜에서는 테두리가 있는 카드와 없는 카드의 시각적 차이는 굉장히 크다.

마술사들이 카드마술에 많이 사용하는 카드인 바이시클 808 라이더

백이다. 카드 백 디자인을 둘러싼 하얀색의 테두리가 존재한다.

테두리가 없는 카드 비 카드다. 테두리가 없음은 물론 테두리가 있는
808 라이더 백 카드와 디자인 구조 자체가 완벽하게 다른 점을 볼 수
있다. 비 덱의 무한 패턴형 디자인은 카드샤크 기술들을 시각적으로
큰 도움이 된다.

 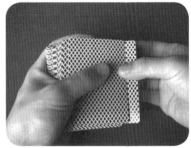

바이시클 카드처럼 테두리가 있는 카드는 사진에서 보이는 것과 같이
바텀딜(밑장빼기)과 같은 기술을 할 때 탑 카드와 바텀 카드의 경계가
뚜렷하게 보인다. 하지만 무한 패턴형에다가 테두리가 없는 카드인 비
카드와 같은 카드는 탑 카드와 바텀 카드의 경계가 디자인에 의해 뚜
렷하게 보이지 않으며 실제 기술을 구사할 때에는 양손이 동시에 움직
이기 때문에 탑 카드와 바텀 카드의 경계가 거의 보이지 않는다.

그렇다고 해서 테두리가 있는 카드로는 카드샤크 기술을 해선 안 된다는 것은 절대 아니다. 실제로 테두리가 있는 바이시클 카드로도 충분히 관객이나 상대방을 속이고 마술에 적용하는 모습도 많이 볼 수 있다. 반면에 지나치게 테두리가 없는 카드에 의존하는 것도 문제가 될수 있다. 그 이유는 테두리가 없는 카드로 기술을 연습하게 되면 연습하는 자신 역시 시각적으로 속아 자신의 문제점이나 잘못된 점을 찾아내지 못할 수도 있기 때문이다.

필자는 개인적으로 테두리가 있는 카드로 연습을 하고 실전에는 테두리가 없는 카드를 사용한다. 테두리가 있는 카드로 자신이 만족할 만한 수준의 기술이 가능하다면, 테두리가 없는 카드로 기술을 한다면 그 만족이 두 배가 될 것이다.

PART 02

테이블 워크 기본기

• • • 테이블 그립 (Table grip)

• • • 그립1

이 책에서 권장하는 테이블 워크에 사용되는 그립이다. 그립을 자세히 보면 각 손가락에게 주어진 임무가 있다. 양손의 엄지는 카드의 뒤쪽에서 카드를 붙잡아 카드가 뒤로 흐르지 않도록 하며 동시에 덱을 정리하는 목적을 중지와 약지는 카드를 앞쪽에서 카드를 붙잡아 카드가 앞으로 흐르지 않도록 하며 동시에 덱을 정리하는 목적을 소지는 카드를 양 옆쪽에서 카드를 붙잡아 카드가 옆으로 새지 않도록 하며 동시에 카드덱을 정리하는 목적을 가지고 있다. 검지는 탑 카드의 위에 X자로 교차되게 올려놓으며 그립에서는 큰 역할이 없다.

각 손가락에게 주어진 임무를 살펴보면 결국에는 카드가 흐트러지지 않게 정갈하게 정리하여 카드의 안정성을 유지하는 것이다.

초보자들에게서 주로 나타나는 안 좋은 버릇 중 하나는 긴장되고 경직된 그립이다. 그립의 또 다른 중요한 점은 누가 보기에도 편안해야한다는 것이다. 가끔씩 너무 경직된 모습으로 그립을 하고 있는 사람을 볼 수 있다. 긴장된 그립을 하는 본인도 불편할 것이며, 보는 사람에게도 역시 굉장히 불편하고 어색해 보인다. 그런 자연스럽지 못한 어색한 그립은 상대방에게 이목을 더 끌고 의심의 눈초리를 받게 될 뿐이다(이것은 우리의 목적과 정반대다). 기술도 마찬가지지만 그립 역시자연스럽고 편안한 모습을 유지해야 한다는 것을 명심해야 한다.

어색한 그립의 문제점은 손부터 어깨까지의 모든 근육과 관절이 뻣뻣하다는 것이다. 무의식적으로 긴장감이 몸으로 나타나는 현상이다. 모든 근육과 관절을 편안하게 한다면 경직되고 긴장된 그립 역시 자연스럽게 사라질 것이다.

덱 양옆에 소지 대신 약지를 사용하여 그립을 잡아 사용하는 마술사
도 있다. 대표적으로 다윈 올티즈(Darwin Ortiz) 마술사가 있으며 그
의 실력은 타의 추종을 불허한다. 그립 2의 장점은 소지보다 약지로
덱의 양옆을 더욱 압박을 줄 수 있어 안정감을 느낄 수 있기 때문이다.
하지만 대신 약지가 더 이상 카드 앞에 없는 이상 커버(트릭을 가리는
것)가 부족하다는 단점도 있다.

필자 개인적으로는 소지가 양옆으로 가는 테이블 그립 1을 권장하며
이 책은 테이블 그립 1을 기본으로 하고 기술을 소개하고 있다. 하지만
언제나 그렇듯이 100% 정답은 없다. 필자는 테이블 그립 1을 강요하고
싶지는 않다.

• • • 흐트러진 카드를 정리하기

카드를 섞거나 여러 가지 기술을 하고 나면 카드가 흐트러져 있기 마련이다. 그럴 때 간단하게 카드를 네모반듯하게 정리하는 기술이다. 많은 마술사들이 컷이나 셔플 이후에 습관적으로 사용한다.

Step 1 양손의 검지가 덱의 각 앞쪽 모서리, 양손의 엄지는 덱의 뒤쪽 중앙에 위치한다.

Step 2 각 손이 덱의 겉면을 따라 엄지와 검지를 모아 주면 자연스럽게 덱이 네모반듯하게 정리가 된다.

베이직 테이블 컷 #1
Basic table cut #1

가장 기초적인 테이블 컷이다. 기술 자체는 너무나 쉽지만, 누가 봐도 전혀 어색하지 않도록 자연스럽고 부드러운 컷이 되도록 연습을 해야 한다.

Step 1

덱을 테이블 그립으로 잡는다.

Step 2

오른손의 덱의 상단의 절반 정도를 들어 올린다.

블록을 옮기는 손가락은 언제나 엄지, 중지, 약지.

Step 3

오른손이 들어 올린 블록을 왼손의 블록의 우측 상단에 놓는다.

Step 4

오른손이 왼손의 블록을 모두 들어
올린다.

이때 왼손의 위치는 블록이 없어도 제자리
에 있다.

Step 5

오른손이 들어 올린 블록을 테이블
위의 블록 위에 올려놓는다.

Step 6

오른손이 두 블록이 합쳐지면 카드를
기존에 있던(왼손이 있는) 위치로 카드
를 옮긴다.

추가설명 & 팁

Step 2의 사진과 같이 오른손이 카드의 절반을 떼어 내 이동할 때
왼손의 검지와 중지를 들어 올려 이동하는 카드가 오른쪽 상단으로
이동하는 데 걸림이 없게 한다. 이는 모든 테이블 컷에서 적용된다.

04

베이직 테이블 컷 #1을 모방하는 폴스 컷이다. 이 기술의 목적은 관객이나 상대방에게 마치 베이직 테이블 컷 #1을 하는 것처럼 보여야 한다.

Step 1   덱을 테이블 그립으로 잡는다.

Step 2   양손이 엄지를 제외한 모든 손가락이 카드의 앞부분을 전혀 볼 수 없게 완벽하게 가린다.

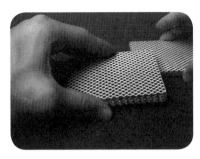

오른손이 양손의 손가락들이 카드 앞면을 완벽하게 가리면 덱의 하단에서 덱의 절반 정도의 블록을 빼낸다.

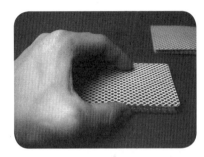

Step 4
오른손이 빼낸 카드를 왼손 블록의 우측 상단에 위치시킨다.

Step 5
오른손이 왼손의 블록을 모두 들어 올린다.
이때 왼손의 위치는 블록이 없어도 제자리에 있다.

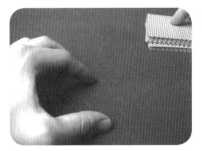

Step 6
오른손이 들어 올린 블록을 테이블 위의 블록 위에 올려놓는다.

오른손이 두 블록이 합쳐지면 카드를 기존에 있던(왼손이 있는) 위치로 카드를 옮긴다.

추가설명 & 팁

결과적으로 카드에 아무런 변화도 일어나지 않는다. Step 2에서 네 손가락 모두가 카드의 앞면을 가린 이유는 관객이나 상대방에게 하단에서 카드를 꺼내는 모습을 가리기 위함이다.

오른손이 하단 블록을 빼 오게 되면 왼손과 왼손의 카드가 바닥에 밀착되어 있지 않고 떠 있게 된다. 이 모습은 가급적 보여 줘선 안 되는 모습이다. 오른손이 하단 블록이 빠지자마자 왼손의 검지가 떠 있는 카드들을 아래로 눌러 바닥에 밀착시켜야 한다.

왼손의 카드들이 순간적으로 떠 있는 모습을 완벽하게 숨길 수 있는 방법은 없다. 아무리 속도가 빠르고 자연스럽다 해도 오른손이 하단 블록을 빼 가는 이상 아주 짧은 순간 왼손과 왼손의 블록은 바닥과 분리된다. 때문에 왼손과 왼손의 카드들이 떠 있는 모습을 합리화시키기 위해 카드 전체를 들어 올려서 컷을 하는 방식도 있다.

카드를 들어 올린 후 오른손이 하단 블록을 빼내면 왼손과 왼손의 카드들이 떠 있는 모습에 대해 충분한 이유가 주어지게 된다.

05

베이직 테이블 컷 #2(언더 컷)
Basic table cut #2(Under cut)

덱의 하단에서 카드를 꺼내는 기술 언더 컷을 이용한 컷이다. 언더
컷은 수많은 테이블기술에서 가장 많이 사용되는 기술 중 하나이다.

Step 1
덱을 테이블 그립으로 잡는다.

Step 2
오른손이 덱의 절반 정도의 블록
을 덱 하단에서 빼낸다. (언더 컷)

Step 3
오른손이 빼낸 블록을 왼손의 블
록 위로 올린다.

오른손이 블록을 빼낸 후 위로 다시 올리는 동작이 뻣뻣하여 보인
다면 오른손이 원을 그리는 모습으로 움직이면 한결 부드러워지는
것을 느낄 수 있을 것이다.

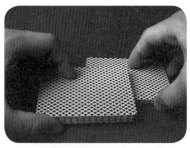

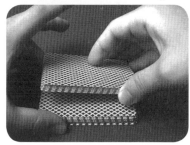
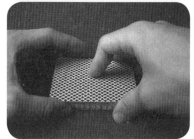

조그를 이용하여 떼어 낸 블록의 정확한 위치를 표시하는 방법을 사
용하는 폴스 컷이다. 단순히 카드의 상단 블록을 아래로 내렸다가
다시 올리는 기술이다. 관객이나 상대방에게는 마치 베이직 테이블
컷 #2를 연속으로 하는 것처럼 보여야 한다.

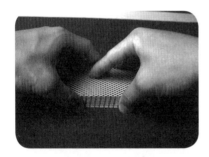

Step 1

덱을 테이블 그립으로 잡는다.

Step 2

오른손이 덱의 절반 정도의 블록
을 덱 하단에서 빼낸다. (언더 컷)

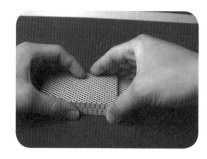

오른손이 빼낸 블록을 왼손의 블록 위에 왼쪽으로 사이드 조그로 올려놓는다.

양손의 손가락들이 조그되어 있는 부분을 정면에서 절대 보이지 않도록 완벽하게 가린다.

Step 4

오른손이 조그 아래의 하단 블록을 잡아 빼낸다.

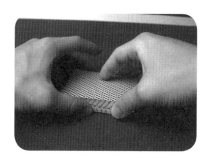

Step 5

오른손이 빼낸 블록을 왼손의 블록 위로 올린다.

추가설명 & 팁

Step 3에서 조그를 가리기 위해 덱의 정면을 전부 가릴 필요는 없다. 오히려 조그가 보이지 않는 덱의 중앙 부분을 노출시킴으로써 더욱더 자연스러운 모습을 연출할 수 있다.

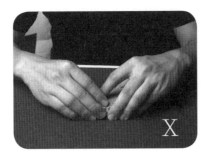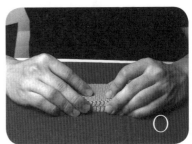

첫 번째 컷을 한 이후(Step 2~3) 곧바로 다시 두 번째 컷(Step 5~6)을 할 필요는 없다. 첫 번째 컷을 한 이후 그립상태 Step 3에서 멈춘 후 관객과 짧은 대화를 나누거나 질문을 하며 첫 번째 컷과 두 번째 컷의 사이에 시간을 벌림으로써 관객의 의심을 덜고 한층 더 여유롭고 자연스러운 모습을 보여 줄 수 있다.

주의할 점은 카드의 양옆의 대부분을 가리고 있는 Step 3의 그립상태가 오랜 시간이 지속된다면 그 자세 역시 관객이나 상대방의 의심을 유발할 수 있기 때문에 그립상태로 너무 긴 대화를 해서도 안 된다. 대화를 하는 도중이나 짧은 질문이 끝난 직후 대답을 기다리며 관객을 바라보는 사이에 두 번째 컷을 마무리하는 것이 가장 이상적인 타이밍이다.

폴스 베이직 테이블 컷 #2(브레이크 방식)
False basic table cut #2(Break method)

브레이크를 이용하여 떼어 낸 블록의 정확한 위치를 표시하는 방법을 사용하는 폴스 컷이다. 조그 방식의 폴스 컷과 동일한 원리로 단순히 카드의 상단 블록을 아래로 내렸다가 다시 올리는 동작이다. 관객이나 상대방에게는 마치 베이직 테이블 컷 #2를 연속으로 하는 것처럼 보여야 한다.

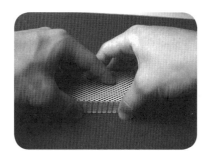

Step 1
덱을 테이블 그립으로 잡는다.

Step 2
오른손이 덱의 절반 정도의 블록을 덱 하단에서 빼낸다. (언더 컷)

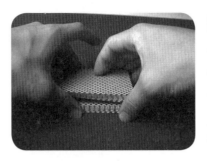

Step3

오른손이 빼낸 블록을 왼손의 블록 위에 왼손의 엄지로 브레이크하며 올려놓는다.

브레이크는 정면에서 티가 나지 않도록 작게 덱의 뒤에서 한다.

Step 4

오른손이 브레이크 아래의 블록을 빼낸다.

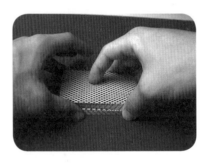

Step 5

오른손이 빼낸 블록을 왼손의 블록 위로 올린다.

추가설명 & 팁

브레이크는 조그와 같이 대부분의 폴스 테이블 컷에 흔하게 사용되는 기술이다. 브레이크 공간은 작으면 작을수록 좋다. 공간이 크면 클수록 카드를 정면에서 바라볼 때 앞으로 기울어져 보이게 되어 부자연스럽고 의심을 유발할 수 있다.

PART 03

테이블 컷 컨트롤

01

탑 카드를 바텀으로
Top to bottom

카드마술을 하게 되면 종종 탑 카드를 바텀으로 보내야 하는 경우가 생긴다. 바텀딜(밑장빼기)을 해야 할 카드가 탑에 있을 때 카드를 바텀으로 이동시키는 목적으로 혹은 탑에 있어선 안 될 카드가 탑에 있을 때 방해카드를 제거하는 방식 등등으로 많은 목적을 위해 유용하게 사용할 수 있다. 이 간단한 동작은 기초적인 카드컨트롤로서 카드마술과 테이블 워크에 무궁무진하게 응용되어 사용되고 있으니 확실하게 마스터하자.

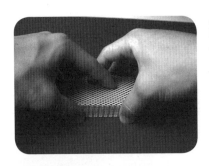

Step 1

덱을 테이블 그립으로 잡는다.

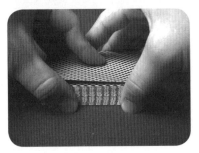

Step 2

왼손의 엄지손가락이 탑 카드의 아래에 브레이크를 한다.

Step 3

오른손이 탑 카드가 브레이크된
상태에서 언더 컷을 한다.

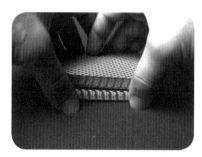

Step 4

오른손이 언더 컷한 블록을 왼손
의 블록 위에 올려 놓는다.

이 때 언더 컷한 카드들이 아주 자연스
럽게 브레이크 탑 카드와 합쳐진다. 브
레이크는 계속 유지한다.

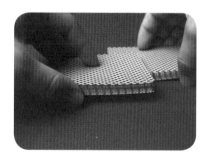

Step 5

오른손이 브레이크 아래의 블록
을 언더 컷한다.

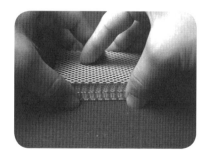

Step 6

오른손이 언더 컷한 블록을 왼손
의 블록 위에 올려놓는다.

● ● ● 2단계에서 탑 카드 아래에 브레이크를 잡는 방법

● 방법 1

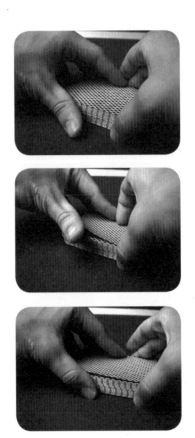

단순히 왼손의 엄지의 첫 번째 마디 부분이 탑 카드를 살짝 들어 올린 후 브레이크를 한다. 이 동작은 아주 순간적으로 자연스럽게 이루어지는 동작이다. 많은 마술사들은 무의미하게 보일 수 있는 이 동작에 의미와 정당한 이유를 주기 위해 마치 덱을 되잡으며 카드를 정리하는 듯한 동작과 동시에 브레이크를 잡기도 한다.

● 방법 2

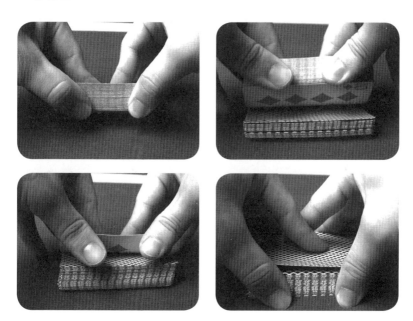

양손의 엄지손가락으로 리플을 하며 브레이크를 잡는 법이다. 주로 한
장이 아닌 여러 장의 카드 아래에 브레이크를 잡기 위해 주로 사용된
다. 마치 단순히 습관적으로 카드를 아래에서 위로 리플하는 것처럼
보여야 한다. 리플로 인해 카드들은 자연스럽게 위로 들어 올려지게 된
다. 탑 카드(혹은 브레이크를 할 위치나 카드)가 리플로 인해 들어 올
려지면 카드가 다시 덱 위로 떨어지기 전에 왼손의 엄지로 브레이크를
한다.

02

바텀 카드를 탑으로
Bottom to top

브레이크를 이용해 바텀 카드를 탑으로 보내는 방법이다. 탑에서 바
텀으로 이동시키는 원리와 거의 같은 원리이다. 카드마술이나 카드게
임에 유리한 카드나 미리 준비된 스톡을 바텀에 세팅해 둔 다음 원하
거나 필요할 때 덱 위로 올려서 사용하는 데 주로 사용된다. 브레이
크의 위치에 따라서 단 한 장의 바텀 카드를 탑으로 올릴 수도 여러
장의 카드를 올릴 수도 있다. 브레이크의 아래에 있는 모든 카드들이
위로 올라간다.

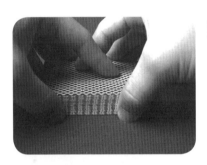

Step 1
덱을 테이블 그립으로 잡는다.

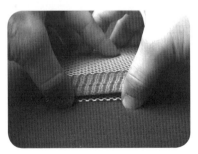

Step 2
바텀 카드 위에 오른손의 엄지손
가락이 브레이크를 한다.
추가설명 참조

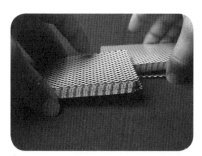

Step 3

오른손이 브레이크를 유지한 채
로 언더 컷한다.

Step 4

언더 컷한 블록을 왼손의 카드들
위에 올려놓는다.

자연스럽게 브레이크 아래에 있는 카드
와 왼손의 블록이 합쳐진다.

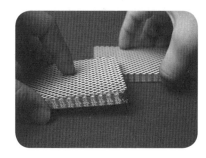

Step 5

오른손이 브레이크 아래의 블록
을 언더 컷한다.

Step 6

오른손이 언더 컷한 블록을 왼손
의 블록 위에 올려놓는다.

• • • 바텀 카드 위에 브레이크를 하는 방법

• 방법 1

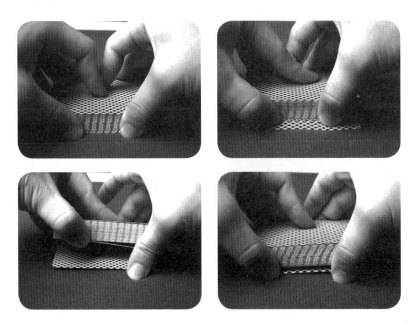

그립상태에서 양손이 덱 전체를 아래로 압박하며 앞으로 밀어내면 바텀 카드와 덱 전체가 분리된다. 이때 왼손이 바텀 카드를 제외한 모든 카드들을 엄지로 살짝 뒤쪽에서 들어 올리고 오른손의 엄지가 들어 올린 카드들과 분리된 바텀 카드의 공간을 유지한 채 동시에 잡으며 브레이크를 한다. 동작은 마치 카드를 정리하는 동작처럼 보이도록 해야 하며, 이 방법은 단 한 장의 카드를 브레이크할 때 사용한다.

● 방법 2

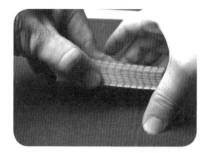

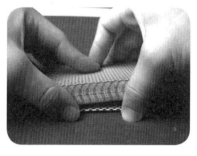

리플을 이용하는 방법이다. 첫 번째 방법과는 달리 한 장 이상의 카드를 브레이크를 할 수 있다. 그립상태에서 왼손의 검지가 탑 카드의 중앙에 자리를 잡은 후(이것은 리플에 도움이 된다) 왼손의 엄지로 덱의 뒤쪽에서 위로 보낼 만큼의 카드를 리플을 하고 멈춘다. 오른손의 엄지가 리플된 카드와 왼손의 엄지손가락이 들고 있는 나머지 카드들의 공간을 유지한 채 브레이크를 한다. 브레이크를 잡은 후 왼손의 엄지가 나머지 모든 카드를 마저 다 리플을 하여 마치 습관적인 행동으로 보이게 하거나 첫 번째 방법과 같이 카드를 정리하는 동작처럼 보이게 해야 한다.

● ● ● 바텀 카드를 브레이크하지 않는 방법

오른손이 브레이크하지 않고 언더 컷을 한 후, 언더 컷한 블록을 왼손의 블록 위에 올려놓을 때 블록의 뒷부분을 들어 올려 리플을 할 수 있는 공간을 확보하며 앞부분만 합쳐지게 한다.

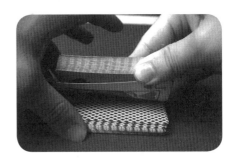

위 사진처럼 오른손이 탑으로 이동시킬 기존의 바텀 카드(J하트)를 리플하여(오른손의 검지가 블록 위에 올라가 리플을 돕는다) 자연스럽게 하단 블록과 합쳐지게 한다. 리플이 끝나면 왼손의 엄지가 블록 간 공간에 브레이크하며 덱 전체를 잡는다. 그 후 오른손이 브레이크 아래의 모든 카드를 언더 컷한 후 왼손의 블록 위에 올려놓는다.

더블 컷과 더블 언더 컷은 말 그대로 두 번 컷을 한다는 뜻이며, 더블 컷과 더블 언더 컷의 역할은 컷은 주로 더 시각적으로 화려하고 섞이는 듯한 인상을 관객이나 상대방에게 주는 것이다. 방금 배운 두 가지 컨트롤에 더블 컷과 더블 언더 컷을 적용해 보자.

Tip

더블 컷과 더블 언더 컷은 블록이 3번 나뉘기 때문에 덱의 절반을 컷하는 것보다 상황에 따라 덱의 1/3이나 2/3만큼을 컷을 하여 블록 간의 두께차이가 크게 생기지 않도록 균형을 맞추는 것이 좋다.

04

[탑 카드를 바텀으로]
더블 컷, 더블 언더 컷 응용법

step 4에서 사실상 카드는 이미 밑장으로 옮겨졌다고 볼 수 있다. step 5에서는 단지 브레이크의 아래의 모든 카드들을 위로 올리는 동작일 뿐이다. 더 화려하고 섞이는 듯한 인상을 관객이나 상대방에게 주고 싶다면 더블 컷과 더블 언더 컷을 사용하면 된다.

● ● ● 더블 컷 응용

[탑 카드를 바텀으로] step 4 완료 이후

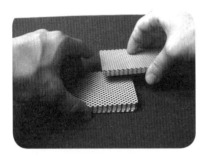

Step 1

오른손으로 브레이크 위의 모든 카드를 들어 올린다.

Step 2

오른손이 들어 올린 블록을 덱의 오른쪽 상단에 내려놓는다.

Step 3

오른손이 왼손에 남아 있는 카드의 절반을 들어 올린다.

Step 4

오른손이 들어 올린 블록을 덱의 오른쪽 상단에 있는 카드 위에 내려놓는다.

Step 5

오른손이 왼손에 남아 있는 모든 카드를 들어 올린다.

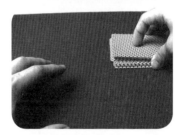

Step 6

오른손이 들어 올린 블록을 덱의 오른쪽 상단에 있는 카드 위에 내려놓는다.

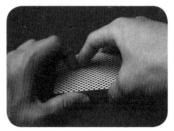

Step 7

오른손이 덱 전체를 기존에 있던(왼손이 있는) 위치로 카드를 옮긴다.

● ● ● 더블 언더 컷 응용

[탑 카드를 바텀으로] step 4 완료 이후

Step 1

오른손으로 브레이크 아래의 블록에서 절반의 카드를 언더 컷한다.

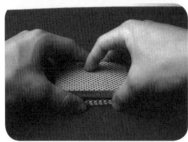

Step 2

언더 컷한 블록을 덱 위로 올린다. (브레이크는 계속 유지)

Step 3

오른손이 브레이크 아래의 모든 카드들을 언더 컷한다.

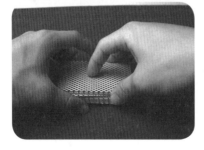

Step 4

언더 컷한 블록을 덱 위로 올린다.

● ● ● [바텀 카드를 탑으로]
더블 컷, 더블 언더 컷 응용법

step 4에서 사실상 카드는 이미 덱 위로 옮겨졌다고 볼 수 있다.
step 5에서는 단지 브레이크 아래의 모든 카드들을 위로 올리는 동
작일 뿐이다. 더 화려하고 섞이는 듯한 인상을 관객이나 상대방에게
주고 싶다면 더블 컷과 더블 언더 컷을 사용하면 된다.

● ● ● 더블 컷 응용

[바텀 카드를 탑으로] step 4 완료 이후

Step 1
오른손으로 브레이크 위의 카드
들의 절반을 들어 올린다.

Step 2
오른손이 들어 올린 블록을 덱의
오른쪽 상단에 내려놓는다.

Step 3

오른손이 브레이크 위의 모든 카드들을 들어 올린다.

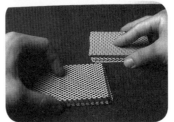

Step 4

오른손이 들어 올린 블록을 덱의 오른쪽 상단에 있는 카드 위에 내려놓는다.

Step 5

오른손이 왼손에 남아 있는 모든 카드를 들어 올린다.

Step 6

오른손이 들어 올린 블록을 덱의 오른쪽 상단에 있는 카드 위에 내려놓는다.

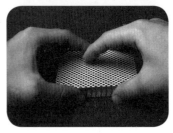

Step 7

오른손이 덱 전체를 기존에 있던(왼손이 있는) 위치로 카드를 옮긴다.

● ● ● 더블 언더 컷 응용

[바텀 카드를 탑으로] step 4 완료 이후

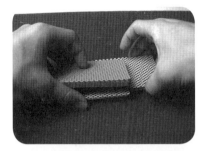

Step 1

오른손으로 브레이크 아래의 블록에서 절반의 카드를 언더 컷한다.

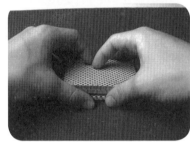

Step 2

언더 컷한 블록을 덱 위로 올린다. (브레이크는 계속 유지)

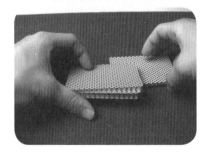

Step 3

오른손이 브레이크 아래의 모든 카드들을 언더 컷한다.

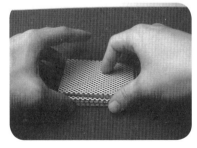

Step 4

언더 컷한 블록을 덱 위로 올린다.

06

탑 스톡 유지하기
To Retain top stock

예를 들어 에이스 네 장을 카드마술을 위해 관객 몰래 미리 카드 위에 올려놓을 때, 혹은 카드게임에서 상대방 몰래 유리한 카드들을 덱 위에 올려놓았을 때 그 카드들의 위치를 유지하며 컷을 하는 방법이다.

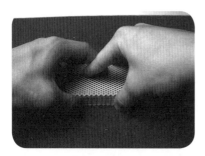

Step 1

덱을 테이블 그립으로 잡는다.

Step 2

오른손이 덱의 2/3 정도를 언더 컷한다.

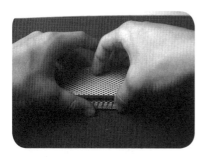

Step 3

오른손이 언더 컷한 블록을 왼손
의 블록 위에 왼손의 엄지로 브레
이크하며 올린다.

Step 4

오른손이 브레이크 위의 블록의
1/2을 들어 올린다. (브레이크는
계속 유지)

Step 5

오른손이 들어 올린 블록을 왼손
의 블록의 우측 상단에 내려놓는다.

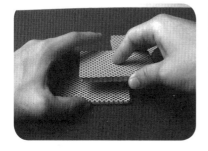

Step 6

오른손이 왼손 블록의 브레이크
위의 모든 블록을 들어 올린다.

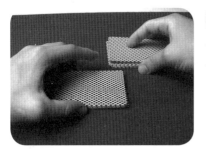

오른손이 들어 올린 블록을 테이블 위의 블록 위에 올려놓는다.

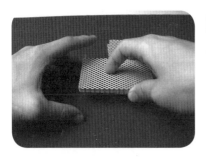

Step 8

오른손이 왼손의 모든 블록을 들어 올린다.

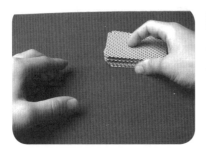

Step 9

오른손이 들어 올린 블록을 테이블 위의 블록 위에 올려놓는다.

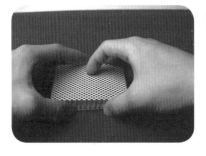

Step 10

오른손이 두 블록이 합쳐지면 카드를 기존에 있던(왼손이 있는) 위치로 카드를 옮긴다.

바텀 스톡 유지하기
To Retain bottom Stock

탑 스톡을 유지하는 것과 마찬가지로 원하는 스톡을 덱 밑(바텀)에 모아 놨을 때, 카드들의 위치를 유지하며 컷을 하는 방법이다. 바텀에 스톡을 유지하는 것은 비교적 안전한 방법이다. 대부분의 사람들은 기술이 의심이 든다 해도 바텀 카드에 대해서는 큰 신경을 주지 않기 때문이다. 관객들은 언제나 바텀 카드가 아닌 탑 카드의 위치를 주로 의심한다.

탑 카드의 위치를 추적하는 것은 마술을 보는 관객이 품는 의심 중에서 가장 기초적인 것이며 노련한 마술사는 관객이나 상대방이 탑 카드를 집중하여 주시하고 있다는 것을 느낄 수가 있다. 그러한 경우 관객의 의심을 아주 자연스럽게 그리고 재빨리 떨쳐 버리는 방법은 관객에게 탑이 확실하게 섞였다는 확신을 주는 것이다. 그런 면에서 볼 때 이번에 배울 바텀 스톡 유지하기는 아주 효과적이다.

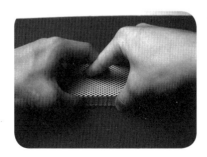

Step 1

덱을 테이블 그립으로 잡는다.

오른손이 덱의 1/3 정도를 언더
컷한다.

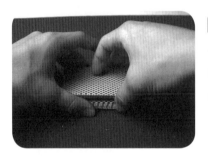

오른손이 언더 컷한 블록을 왼손
의 블록 위에 왼손의 엄지로 브레
이크하며 올려놓는다.

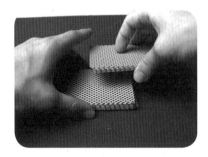

오른손이 브레이크 위의 모든 블
록을 들어 올린다.

오른손이 들어 올린 블록을 왼손
의 블록의 우측 상단에 내려놓는
다.

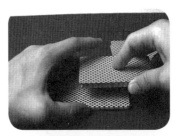

Step 6

오른손이 왼손의 블록의 절반을 들어
올린다.

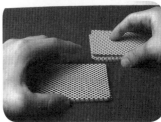

Step 7

오른손이 들어 올린 블록을 테이블
위의 블록 위에 올려놓는다.

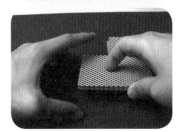

Step 8

오른손이 왼손의 모든 블록을 들어
올린다.

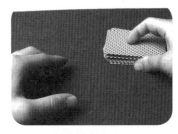

Step 9

오른손이 들어 올린 블록을 테이블
위의 블록 위에 올려놓는다.

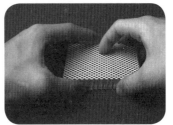

Step 10

오른손이 덱 전체를 기존에 있던 위
치로 카드를 옮긴다.

PART 04

슬립 컷 Slip cut

슬립 컷은 탑 카드를 벗겨 내는 기술이다. 주로 불필요한 탑 카드를 없애거나 반대로 탑 카드의 위치에 유지시킬 때 사용하며, 그 외에도 수많은 이유로 자주 사용되는 기술이니 확실하게 익숙해져야 한다. 슬립 컷은 검지가 탑 카드를 눌러 탑 카드의 위치를 고정시키는 방법인데, 양손 중 어느 검지를 사용하느냐에 따라 모습이 다르다.

01

탑 카드 유지하기
(오른손 검지 슬립 컷)

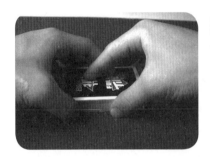

Step 1

덱을 테이블 그립으로 잡는다.

Step 2

오른손의 검지가 탑 카드를 아래
로 누른다.

Step 3

오른손이 덱의 절반 정도의 언더
컷을 한다.

탑 카드는 오른손의 검지 때문에 오른
손의 영향을 받지 않는다.

탑 카드와 언더 컷한 블록이 합쳐
진다.

Step 5

오른손이 오른손의 블록을 왼손
의 블록 위에 올린다.

탑 카드 유지하기
(왼손 검지 슬립 컷)

Step 1

덱을 테이블 그립으로 잡는다.

Step 2

왼손의 검지가 탑 카드를 아래로 누른다.

Step 3

오른손이 덱의 상단에서 절반 정도의 블록을 빼낸다.

탑 카드는 왼손의 검지 때문에 오른손의 영향을 받지 않는다.

Step 4

오른손이 블록을 테이블 위에 내
려놓는다.

Step 5

오른손이 왼손의 블록을 잡는다.

Step 6

오른손이 오른손의 블록을 테이
블 위에 있는 블록 위에 올린다.

03

탑 카드를 덱 중앙으로
(오른손 검지 슬립 컷)

Step 1

덱을 테이블 그립으로 잡는다.

Step 2

오른손의 검지가 탑 카드를 아래로 누른다.

Step 3

오른손이 덱의 절반 정도를 언더 컷을 한다.

탑 카드는 검지로 인해 오른손과 함께 움직인다.
이때 왼손이 왼손의 블록을 테이블에 닿지 않게 들고 있다.

Step 4

탑 카드와 언더 컷한 블록이 합쳐
진다.

Step 5

오른손의 블록이 왼손의 블록 아
래로 이동한다.

탑 카드를 덱 중앙으로
(왼손 검지 슬립 컷)

Step 1

덱을 테이블 그립으로 카드를 잡는다.

Step 2

왼손의 검지가 탑 카드를 아래로 누른다.

Step 3

그 상태에서 오른손이 덱의 상단 블록을 빼낸다.

탑 카드는 왼손의 검지 때문에 오른손의 영향을 받지 않는다.

Step 4

오른손이 덱의 상단에서 빼낸 블록을 왼손의 블록 위에 올린다.

PART 05

블라인드 테이블 컷
Blind table cut

겜블러스 폴스 컷은 세 번의 언더 컷으로 구성되어 있는 폴스 컷이다. 이름에서도 알 수 있듯이 도박장(겜블링 테이블)의 도박사(겜블러)들에게서 유래한 기술로 알려져 있다. 단순히 언더 컷을 이용해 카드의 순서를 아래서 위로 재배열하는 원리이며, 아주 기본적인 테이블 컷이므로 언제 어느 순간에도 사용하여도 매우 자연스럽다.

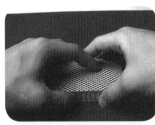

Step 1
덱을 테이블 그립으로 잡는다.

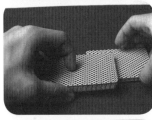

Step 2
오른손이 덱의 1/3 정도를 언더 컷한다.

Step 3
오른손이 언더 컷한 블록을 왼손의 블록 위에 왼손의 엄지로 브레이크하며 올려놓는다.

Step 4

오른손이 브레이크 아래의 블록의 절반을 언더 컷한다.

Step 5

오른손이 언더 컷한 블록을 덱 위로 올린다.

Step 6

오른손이 브레이크 아래의 블록을 언더 컷한다.

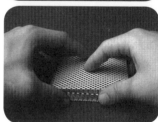

Step 7

언더 컷한 블록을 덱 위로 올린다.

추가설명 & 팁

브레이크 대신 조그를 사용하는 방법도 있다. 조그를 사용하면 실수할 확률도 낮아지며 동시에 더 빠르게 겜블러스 컷을 할 수 있지만 조그된 블록이 관객에게 쉽게 노출될 수 있으니 주의하여야 한다.

어드네스 폴스 컷(F.B #1)
(Erdnase's Fancy Blind cut 1)
credit : S.W Erdnase

앞서 배운 컷들은 기존에 존재하는 트루 컷(실제로 카드가 섞이는 컷)들을 모방한 폴스 컷이지만, 어드네스 폴스 컷은 어떠한 기술을 모방하지 않은 고유의 하나의 폴스 컷으로 다른 컷들에 비해 시각적으로 화려한 모습을 가지고 있다. 고유하며 시각적으로 화려하기 때문에 관객인 상대방에게 모습이 기억되기 쉬우므로 폴스 컷이라는 사실이 알려진 곳에서는 절대로 해서는 안 되는 기술이다.

Step 1
덱을 테이블 그립으로 잡는다.

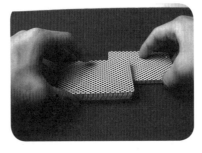

Step 2
오른손이 덱의 1/3 정도를 언더컷한다.

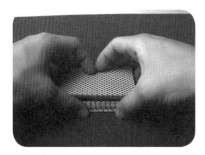

Step 3

오른손이 언더 컷한 블록을 왼손의 블록 위에 왼손의 엄지로 브레이크하며 올린다.

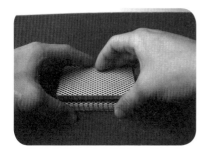

Step 4

왼손의 브레이크를 오른손의 엄지로 브레이크로 옮긴다.

Step 5

양손이 덱 전체를 들어 올린다.

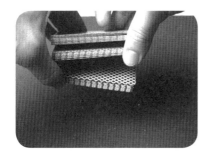

Step 6

왼손의 엄지로 브레이크의 아래의 블록을 절반으로 나눈다.
카드는 세 등분된 상태이다.

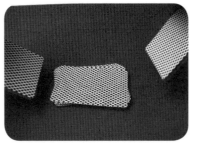

왼손은 맨 아래 블록을 잡은 채로, 오른손은 중간 블록을 잡은 채로 양옆으로 빠르게 카드를 분리시켜 브레이크 위의 블록이 테이블 위로 떨어지게 한다.

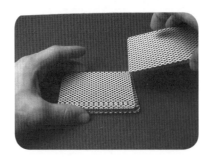

Step 8

왼손이 왼손의 블록을 테이블에 떨어진 블록 위에 올려놓는다.

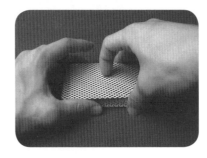

Step 9

오른손이 오른손의 블록을 테이블의 블록 위에 올려놓는다.

추가설명 & 팁

step 4에서 브레이크를 왼손에서 오른손으로 옮긴 이후 브레이크 위의 블록은 테이블에 떨어질 때까지 사실 그저 브레이크 위에 올려져 있는 상태일 뿐 손가락이 붙잡고 있어서는 안 된다.
step 7에서 빠른 동작으로 블록들을 양옆으로 분리시켜야만 블록이 테이블 위에 떨어졌을 때 흐트러지지 않는다.

2-1 브레이크 대신 조그를 사용하는 방식
Credit : Simon Lovell

브레이크 대신 조그를 사용하게 되면 카드를 빠르게 나누지 않아도
카드가 비교적 흐트러지지 않고 테이블에 떨어지게 되므로 훨씬 더
부드러운 동작이 연출된다. 어드네스 폴스 컷 step 2 이후

Step 1
오른손이 언더 컷한 블록을 왼쪽으
로 사이드 조그를 하며 왼손의 블
록 위로 올린다.

Step 2
오른손이 덱의 2/3 정도의 블록을
들어 올린다.

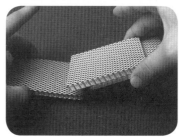

Step 3
왼손이 나머지 1/3 블록을 잡아 왼
쪽으로 빼낸다.

Step 4

이때 오른손의 중지가 카드에서 손을 놓아 조그된 블록만이 테이블 위에 떨어지게 한다.

조그된 블록은 그 기울어진 블록 위를 미끄러지며 테이블 위로 떨어지게 된다.

Step 5

왼손의 블록을 테이블에 떨어진 블록 위에 올려놓는다.

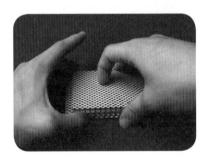

Step 6

오른손의 블록을 테이블의 블록 위에 올려놓는다.

어드네스 폴스 컷(올디네리)
Erdnase false cut(ordinary)
credit : S.W Erdnase

어드네스 폴스 컷(fancy)의 시스템을 그대로 유지하면서 동작의 변화를 주어 조금 더 리듬 있는 컷으로 업그레이드(?)한 컷이다. 카드를 테이블 위에 떨어트리는 화려한 동작을 없앴기 때문에 일반적인 테이블 컷처럼 보인다.

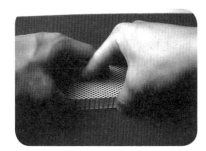

Step 1

덱을 테이블 그립으로 잡는다.

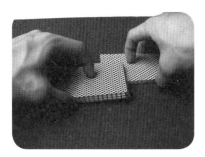

Step 2

오른손이 덱의 1/3 정도를 언더 컷한다.

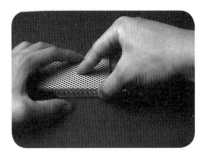

오른손이 언더 컷한 블록을 왼손의 블록 위에 왼쪽으로 사이드 조그로 올려놓는다.

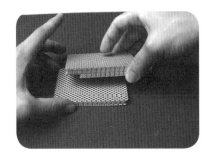

Step 4

오른손이 덱의 2/3의 블록을 들어 올린다.

Step 5

오른손이 우측 상단으로 이동한다.
오른손은 블록을 손에서 놓지 않는다.

Step 6

왼손이 왼손의 블록의 앞부분만 들어 올린다.

Step 7

오른손이 오른손의 조그된 블록만을 왼손의 블록 아래로 들어오게 한다.

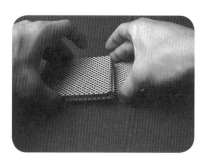

Step 8

왼손이 조그된 오른손의 블록만을 왼손의 블록과 합쳐 잡는다.

Step 9

오른손이 우측 상단으로 이동한다.

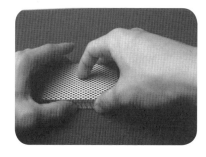

Step 10

오른손이 오른손의 블록을 왼손의 블록 위에 올려놓는다.

래리 제닝 폴스 컷
(Larry Jenning's false cut)
credit : Larry Jenning

트리플 컷이라고 많이 알려져 있는 기술이다. 블록을 테이블 위에 내려놓은 후 다시 합치는 아주 리듬감 있는 폴스 컷이다.

Step 1

덱을 테이블 그립으로 잡는다.

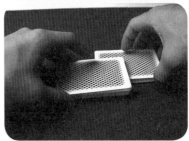

Step 2

오른손이 덱의 1/3 정도를 언더 컷한다.

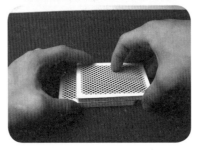

Step 3

오른손이 언더 컷한 블록을 왼손의 블록 위에 오른쪽으로 사이드 조그로 올려놓는다.

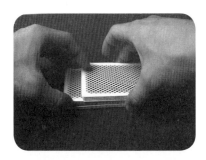

Step 4

왼손이 조그 아래 블록의 상단 절반만을 잡고 오른손은 덱의 전체를 잡는다.

Step 5

왼손이 조그 아래 블록의 상단만을 잡은 채로 좌측 하단으로 이동하며 동시에 오른손도 우측 상단으로 이동한다.

왼손이 덱의 중간에서 블록을 빼내었기 때문에, 오른손이 잡고 있는 블록은 두 개로 나뉘어져 있는 상태다.

Step 6

왼손이 왼손의 블록을 테이블 위에 내려놓는다. 그와 동시에 오른손의 하단 블록도 테이블 위에 내려놓는다.

Step 7

오른손은 계속해서 우측 상단으로 이동하다가 남은 나머지 블록도 테이블 위에 내려놓는다

오른손이 좌측 하단 블록을 잡아
중앙 블록 위에 올려 합쳐 잡는다.

오른손이 중앙 블록을 잡아 우측
상단의 블록 위에 올려 합쳐 잡는다.

슬랍피 트리플 컷
(Sloppy triple cut)

래리 제닝 폴스 컷이 마치 잘 정리되고 짜인 컷이라면, 슬랍피 트리플 컷은 산만한 느낌을 가진 컷이라고 볼 수 있다. 래리 제닝 폴스 컷과 같이 컷의 특유의 리듬을 살리는 것이 중요하다.

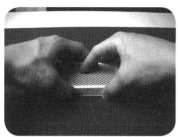

Step 1
덱을 테이블 그립으로 잡는다.

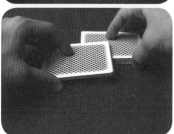

Step 2
오른손이 덱의 2/3 정도를 언더 컷한다.

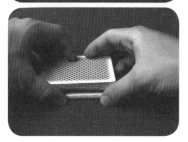

Step 3
오른손이 언더 컷한 블록을 왼손의 블록 위에 왼손의 엄지로 브레이크 하며 올려놓는다.

오른손이 브레이크 위의 블록의 절반을 들어 올린다.

오른손이 오른손의 블록을 테이블 우측 상단에 내려놓는다.

왼손이 브레이크 위의 모든 블록을 들어 올린다.

왼손이 왼손의 블록을 테이블 좌측 상단 바닥에 블록을 내려놓지만 왼손은 블록을 계속 잡고 있다.

Step 8

오른손이 중앙에 있는 블록을 들어 올린다.

Step 9

오른손이 들어 올린 블록을 테이블 우측 상단의 블록 위에 올려놓는다. 동시에 왼손이 왼손의 블록을 중앙 블록이 있던 위치로 이동한다.

Step 10

오른손이 테이블 우측 상단의 블록을 들어 올린다.

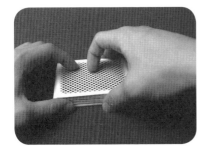

Step 11

오른손이 오른손의 블록을 왼손의 블록 위에 올려놓는다.

댄과 데이브 형제 마술사의 DVD 렉쳐 트럴러지에서 소개되었던 화려한 테이블 컷이다. D&D 스타일답게 꿩장히 세련되고 모던해 보이지만 기술을 일일이 쪼개서 나눠 보면 놀랍게도 꿩장히 클래식한 기술들이다.

Step 1

덱을 테이블 그립으로 잡는다.

Step 2

왼손의 중지와 엄지가 덱 중앙에서 1/3가량 블록을 잡는다.

Step 3

오른손이 덱 전체를 잡고 우측 상단으로 이동하여 왼손이 잡고 있던 중앙 블록이 왼손에 남아 있게 한다.

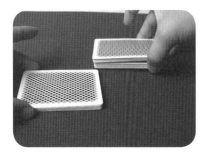

Step 4

오른손의 엄지손가락이 나눠진 오른손의 두 블록을 브레이크로 합쳐지지 않도록 한다.

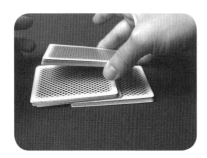

Step 5

오른손의 하단 블록만을 왼손 블록 위에 왼쪽 사이드 조그로 올려놓는다.

Step 6

오른손의 남은 상단 블록은 조그된 블록의 아래 블록에 맞춰 조그된 블록 위에 올려놓는다.

Step 7

왼손이 사이드 조그된 블록을 잡
는다.
오른손의 엄지와 중지가 상단 블
록을 엄지와 약지는 하단 블록을
잡는다.

Step 8

오른손의 블록들을 우측 상단으
로 이동시켜 왼손 블록을 오른손
블록들 사이에서 빼낸다.

Step 9

왼손 블록을 테이블 위에 내려놓
는다.

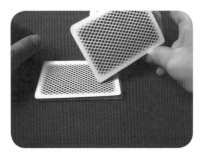

Step 10

오른손의 중지와 엄지가 몸 쪽으
로 카드를 향하도록 기울인다.

Step 11

왼손이 오른손의 상단 블록을 잡
는다.

Step 12

왼손이 잡은 블록을 오른쪽 사
이드 조그로 테이블에 있는 블록
위에 올린다.

Step 13

오른손의 중지가 오른손의 블록
앞면으로 이동한다.

Step 14

오른손의 중지가 오른손의 블록
의 절반을 들어 떼어 낸다.

Step 15

오른손이 오른손의 블록을 왼쪽 면을 아래로 기울인다.

Step 16

오른손의 중지가 블록을 놓아 중지와 엄지가 잡고 있던 블록을 테이블 위에 떨어지게 한다.

Step 17

오른손의 남은 블록을 조그된 블록의 아래 블록에 맞춰 사이드 조그된 블록 위에 올려놓는다.

Step 18

오른손이 사이드 조그된 카드를 잡아 꺼낸다.

Step 19

오른손이 꺼낸 블록을 테이블 위에 떨어진 블록 위에 올려 합쳐 잡는다.

Step 20

오른손이 합쳐 잡은 블록을 왼손의 블록 위에 올려놓는다.

PART 06

테이블 셔플
Table shuffle

스트립 셔플
Strip shuffle

덱 전체를 들어 올려서 연속적으로 작은 블록들을 탑에서 떼어 내 테이블 위에 떨어트리는 셔플이다. 이토록 소량의 블록을 연속으로 떼어 내는 컷을 러닝 컷(Running cuts)이라고 부르기도 한다.

Step 1

덱을 테이블 그립으로 잡는다.

Step 2

오른손이 덱의 전체를 들어올린다.

Step 3

왼손의 엄지와 중지와 약지가 상단에서 소량의 블록을 잡는다.

양은 필요에 따라 조절한다.

Step 4

오른손이 우측 상단으로 이동한다. 오른손이 이동하게 되면 자연스럽게 왼손에는 잡고 있던 소량의 상단 블록만이 남게 된다.

Step 5

왼손이 왼손의 블록을 테이블 위에 내려놓는다.

Step 6

오른손이 이동하기 전의 자리로 돌아온다.

Step 7

블록을 나누기 불편할 만큼 오른
손에 소량의 카드가 남아 있을 때
까지 Step 3~6과 동일한 방법으
로 오른손 블록의 상단에서 소량
의 카드를 떼어 내어 테이블 위의
블록 위에 올린다.

Step 8

더 이상 떼어 낼 카드가 없거나
컷을 멈추고 싶을 때 오른손의 남
은 모든 블록을 덱 위에 올린다.

추가설명 & 팁

Step 4에서 카드를 떼어 내는 역할은 왼손이 아닌 우측 상단으로
이동하는 오른손이다. 오른손의 이동거리가 짧으면 짧을수록 컷이
속도가 빨라져 매우 현란하게 보일 수 있다. 하지만 처음부터 속도
에 집중하기보다는 테이블에 블록들이 흩어지지 않는 것에 집중
을 해야 한다.

폴스 스트립 셔플
False strip shuffle

앞서 배운 스트립 셔플을 모방하는 폴스 셔플이다. 아주 뻔뻔한 기술이지만 스트립 셔플의 스피디한 리듬감을 살린다면 관객들은 쉽게 눈치 채지 못한다. 폴스 스트립 셔플은 기존의 스트립 셔플과는 다르게 덱의 하단에서 블록을 떼어 내는 기술이기 때문에 속도 면에서 훨씬 빠르게 컷을 진행할 수 있다.

Step 1

덱을 테이블 그립으로 잡는다.

Step 2

오른손이 덱의 전체를 들어 올린다.

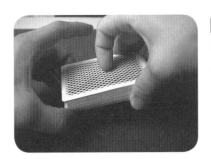

Step 3

왼손의 엄지와 중지와 약지가 하단에서 소량의 블록을 잡는다.

Step 4

오른손이 우측 상단으로 이동한다. 오른손이 이동하게 되면 자연스럽게 왼손에는 잡고 있던 소량의 하단 블록만이 남게 된다.

Step 5

왼손이 왼손의 블록을 테이블 위에 내려놓는다.

Step 6

오른손이 이동하기 전의 자리로 돌아온다.

Step 7

블록을 나누기 불편할 만큼 오른
손에 소량의 카드가 남아 있을 때
까지 Step 3~6과 동일한 방법으
로 오른손 블록의 하단에서 소량
의 카드를 떼어 내어 테이블 위의
블록 위에 올린다.

Step 8

더 이상 떼어 낼 카드가 없거나
컷을 멈추고 싶을 때 오른손의 남
은 모든 블록을 덱 위에 올린다.

2-1 언더 컷 응용

폴스 스트립 셔플의 시작을 언더 컷으로 시작하면 덱을 들어 올리는
것(step 2)에 대한 명분이 생기기 때문에 한층 더 자연스러워 보인
다.

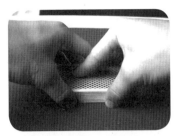

Step 1

테이블 그립으로 카드를 잡는다.

Step 2

오른손이 원하는 만큼 언더 컷한다.

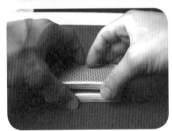

Step 3

오른손이 언더 컷한 블록을 왼손의 블록 위에 왼손의 엄지로 브레이크하며 올려놓는다.

Step 4

오른손이 브레이크 아래의 블록을 언더 컷한다.

Step 5

오른손이 언더 컷한 블록으로 테이블의 블록 위에 폴스 스트립 컷을 한다.

••• 업 더 래더 컷
Up the ladder cut

도박장에서 유래한 이 업 더 래더 컷은 전설적인 마술사들이 그렇게
도 많이 애용했던 기술이며 그들이 제작한 도박기술 렉쳐와 서적에
서는 항상 빠지지 않고 등장하는 단골손님과 같은 기술이다. 사실상
업 더 래더 컷은 특정 셔플을 모방하는 기술이 아니다. 스트립 셔플
을 모방한다고 말하기에는 분명히 억지성이 있다. 그런데도 불구하고
이토록 전 세계 마술사들에게 많은 사랑을 받는 이유는 필자가 보기
엔 다른 컷과 셔플에서는 볼 수 없는 업 더 래더 컷만의 특유의 기술
적 원리와 리듬은 카드를 정말 섞이고 있는 것 같은 연출효과가 있기
때문이다.

Step 1
덱을 테이블 그립으로 잡는다.

Step 2
오른손이 소량의 카드의 블록을 언더
컷한다.

오른손이 언더 컷한 블록을 왼손의 블록 위에 왼쪽으로 사이드 조그로 올려놓는다.

Step 4

오른손이 조그 아래의 모든 블록을 언더 컷한다.

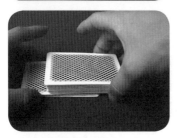

Step 5

오른손이 언더 컷한 블록을 왼손의 블록 위에 오른쪽으로 사이드 조그로 올려놓는다.

Step 6

왼손이 덱 전체를 잡는다.

Step 7

오른손이 사이드 조그된 블록에서 소량의 카드를 언더 컷한다.

Step 8

오른손이 언더 컷한 블록을 조그된 블록의 아래 블록에 맞춰 조그된 블록 위에 올려놓는다.

Step 9

오른손이 덱 중앙에 조그된 블록을 빼낸다.

Step 10

오른손이 빼낸 블록을 오른쪽으로 사이드 조그를 하며 왼손의 블록 위로 올린다.

이 상태에서 컷을 끝내려면 조그를 하지 않으면 된다.

Step 11

오른손의 블록을 나누기 불편할 때까지 Step 7~10과 동일한 방법으로 컷을 반복하며 컷을 끝내고 싶을 때 언제든지 오른손의 블록을 조그를 하지 않고 덱 위에 올려놓으면 된다.

PART 07

테이블 리플 셔플
Table riffle shuffle

리플 셔플은 두 블록의 카드를 리플을 이용해 카드를 교차시켜 섞는 방법이다. 리플이란 카드의 특정 부분을 위로 올린 후 올린 카드를 다시 한 장씩 떨어뜨리는 것을 의미한다. 리플 셔플은 카드 셔플의 대표적인 셔플 중 하나로서 누구나 한 번쯤은 본 적이 있을 것이다. 리플 셔플도 종류가 다양하지만 이 책에서는 테이블 리플 셔플만을 집중적으로 파헤쳐 볼 것이다.

오른손의 엄지와 중지와 약지가
하단에서 소량의 블록을 잡는다.

Step 2

왼손이 덱 상단 절반을 왼쪽으로,
오른손이 덱 하단 절반을 오른쪽
으로(언더 컷) 나눈다.

Step 3

양손의 검지가 블록 위로 이동한
다.

Step 4

양손의 검지가 블록을 위해서 아
래로 누른다. 중지도 카드의 앞부
분에서(위치 변동 없이) 카드를 위
에서 아래로 누르며 검지를 도와
주는 역할을 한다.

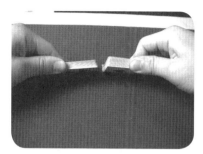

Step 5

양손의 엄지가 각 블록을 후면에 들어 올린다.

Step 6

Step 5와 동시에 양손이 손목을 살짝 꺾어 양손의 블록의 안쪽 모서리를 가깝게 한다.

Step 7

양손의 엄지가 들어 올린 카드들을 아래서부터 차례로 테이블 위에 떨어트리며(리플) 양 블록의 카드를 교차시킨다.

Step 8

소지로 두 블록을 밀어서 하나로 합친다.

검지와 중지를 들어서 카드가 손가락이 걸리지 않도록 하는 방법도 좋은 방법이다.

● ● ● 리플 셔플 open & close

리플 셔플은 기술 특성상 카드를 섞는 사람이나 주변사람이 카드를 섞는 와중에 카드를 볼 수 있다. 이를 방지하기 위해 누구도 셔플 도중 카드를 볼 수 없도록 리플 셔플 Close 방식을 사용한다. 또한 리플 셔플 close의 반대되는 개념으로 카드가 분명히 섞인다는 것을 강조하기 위해 오히려 더 양 블록 간의 간격을 벌리고 크고 높게 리플을 하는데 이것을 리플 셔플 open이라고 한다.

● Close 방식

양손의 엄지는 들어 올릴 안쪽 모서리에 최대한 가까이 붙으며 양손의 검지는 덱 위에 중지 약지 소지는 모두 블록 앞쪽에 위치한 채 리플 셔플을 최대한 작고 빠르게 한다.

● Open 방식

일반적인 리플 셔플보다 엄지가 훨씬 두 블록을 높게 들어 리플로 교차시킨다.

PART 08

리플 셔플 컨트롤
Riffle shuffle control

리플 셔플 컨트롤 중 가장 기본이 되는 탑, 바텀 컨트롤이다. 단순히 카드를 내려놓는 순서를 이용해 탑 카드나 바텀 카드의 위치를 컨트롤하는 것이다.

01 탑 컨트롤
02 바텀 컨트롤

탑 카드를 계속 덱 위에 유지시키는 가장 기본적인 리플셔플인 탑 컨
드롤이다.

Step 1

특정카드를 탑 카드로 세팅해 둔
다.

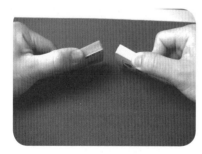

Step 2

테이블 리플 셔플 스텝 6까지 진
행.

테이블 리플 셔플 7단계에서 카드를 리플할 때 세팅한 카드를 마지막으로 떨어트린다.

Step 4

리플 셔플을 마무리한다.

바텀 컨트롤
Bottom control

Step 1

특정카드를 바텀 카드로 세팅해 둔
다.

Step 2

테이블 리플 셔플 스텝 6까지 진행.

Step 3

테이블 리플 셔플 7단계에서 카드를
리플할 때 세팅한 카드를 제일 먼저
떨어트린다.

Step 4

리플 셔플을 마무리한다.

한 장이 아닌 여러 장의 카드도 컨트롤이 충분히 가능하며, 탑, 바텀 카드를 동시에 컨트롤도 가능하기도 한다. 필요에 따라 탑 혹은 바텀에 위치한 특정카드의 위나 아래에 카드를 더하여 특정카드를 단순히 탑 카드, 바텀 카드뿐만이 아니라 카드의 위치를 탑에서 두 번째 혹은 바텀에서 세 번째 등 이런 식으로도 응용하여 컨트롤하기도 한다.

● 블록 위치 바꾸며 섞기
테이블 리플 셔플 컨트롤을 연속으로 할 경우에는 관객의 의심을 피하기 위해 컨트롤하는 특정카드의 블록의 위치를 계속해서 바꾸는 게 좋다.

예) 탑 컨트롤일 경우

첫 번째 셔플 – 상단 블록을 왼손이 가져가 리플 셔플 탑 컨트롤을 한다.

두 번째 셔플 – 상단 블록을 오른손이 가져가 리플 셔플 탑 컨트롤을 한다.
세 번째 셔플 – 상단 블록을 왼손이 가져가 리플 셔플 탑 컨트롤을 한다.

예) 바텀 컨트롤일 경우

첫 번째 셔플 – 하단 블록을 오른손이 가져가 리플 셔플 바텀 컨트롤을 한다.

두 번째 셔플 – 하단 블록을 왼손이 가져가 리플 셔플 바텀 컨트롤을 한다.

세 번째 셔플 – 하단 블록을 오른손이 가져가 리플 셔플 바텀 컨트롤을 한다.

PART 09

블라인드 리플 셔플

관객의 입장에서는 이상이 전혀 없는 리플 셔플로 보이나 사실은 단한 장의 카드도 섞이지 않는다. 쉬운 기술은 아니지만 사람들은 리플셔플에 트릭이 있다는 의심 자체를 거의 하지 않으므로 마스터만 한다면 강력한 무기가 될 것이다.

기술 이름 뜻 그대로(strip out : 밖으로 빼내다) 리플로 인해 교차
된 카드들을 다시 밖으로 빼내는 기술이다.

Step 1

덱을 테이블 그립으로 잡는다.

Step 2

왼손이 하단 블록을 오른손이 상
단 블록을 가져가 리플 셔플 준비
를 한다.

Step 3

오른손의 블록이 왼손의 블록 안
으로 들어가도록 리플로 교차시
킨다.

오른손의 블록만을 몸 쪽으로(오른손 블록의 안쪽 모서리가 왼손 블록 아래로 튀어나오게끔) 기울이며 두 블록을 서로 합친다. 합쳐지는 와중에 오른손의 소지가 블록 정면으로 이동한다.

소지가 이동하는 이유는 정면으로 튀어나온 모서리를 커버해야 하기 때문이다.

Step 5

오른손 블록이 기울어진 상태로 카드를 합치다 보면 블록이 엄지손가락에 걸려 멈추게 된다.

Step 6

양손의 엄지손가락이 튀어나온 블록들의 안쪽 모서리로 이동한다.

Step 7

양손의 손가락들이 튀어나온 모서리들을 눌러 넣어 덱을 일자로 만든다.

양 블록이 일자가 될 뿐이지 서로 합쳐지지 않는다.

Step 8

양손의 중지 약지 소지는 양옆 합쳐지지 않은 부분을 정면에서 보이지 않도록 커버하며 엄지는 블록의 끝으로 이동한다.

엄지가 블록 끝으로 이동한 이유는 step 9에서 카드를 꺼내는 것을 수월하게 하기 위함이다. 양 블록이 일자가 될 뿐이지 서로 합쳐지지 않는다.

Step 9

오른손이 덱의 오른쪽으로 나와 있는 블록을 꺼낸다.

관객의 입장에서는 단순한 언더 컷으로 보여야 한다.

Step 10

오른손의 블록을 왼손 블록 위에
올려놓는다.

추가설명 & 팁

여유 있는 모습을 위해 step 8에서 손가락으로 커버를 유지한 채
손을 테이블 위에 올려놓고 관객이나 상대방과 짧은 대화를 한 후
에 step 9를 진행할 수 있다.

● ● ● 푸시 뜨루 셔플
Push through shuffle

가장 많이 사용되는 대표적인 폴스 리플 셔플이다. 스트립 셔플의 원리와 비슷하나 교차된 카드들이 스트립 아웃 셔플처럼 덜 합쳐지지 않는 것이 아니라 서로 통과한다.

Step 1

덱을 테이블 그립으로 잡는다.

Step 2

왼손이 상단 블록을 오른손이 하단 블록을 가져가 리플 셔플 준비를 한다.

Step 3

왼손의 블록이 오른손의 블록 안으로 들어가도록 리플로 교차시킨다.

양 블록을 3/4 정도만을 합친다.

Step 5

양손의 엄지가 블록 끝으로 이동한다.

Step 6

양 블록의 안쪽 모서리가 몸 쪽으로 튀어나오도록 기울인다.

Step 7

기울인 상태에서 양 블록을 서로를 향해 밀어 넣는다.

밀어 넣다 보면 블록의 모서리가 엄지에 걸려 더 밀 수 없게 된다.

양손의 엄지가 튀어나온 모서리
안쪽으로 이동한다.

Step 9

엄지와 손가락들이 튀어나온 모
서리들을 밀어 넣는다.
두 블록이 서로 통과하여 위치가 바뀌
었다.

Step 10

오른손이 덱의 오른쪽으로 나와
있는 블록을 꺼낸다.

Step 11

오른손의 블록을 왼손 블록 위에
올려놓는다.

03

재로우 셔플
Zarrow shuffle
credit : Herb Zarrow

대부분의 기술들이 도박장에서 유래하여 마술계로 넘어와 사용되고 있다면, 재로우 셔플은 역으로 마술사의 기술이 도박장에서 사용될 정도로 아주 특별하고 환상적인 아이디어의 폴스 리플 셔플이다. 20세기 최고의 클로즈업 마술사 다이버논(Dai Vernon)은 재로우 셔플만이 유일하게 카드기술의 성서라고 불려지는 'Expert at the card table' 1902, S.W erdnase에 포함될 만한 기술이라고 평가했다.

Step 1
덱을 테이블 그립으로 잡는다.

Step 2
왼손의 엄지의 마디부분으로 소량의 카드를 뒤쪽에서 들어 올린다.
마디 부분으로 들어 올리는 이유는 step 4에서 브레이크를 쉽게 잡기 위함이다.

Step 3

오른손이 왼손이 들어 올린 카드 아래의 블록의 상단 절반을 오른쪽으로 꺼낸다.

Step 4

왼손이 엄지가 떼어 낸 소량의 카드와 그 아래 블록을 브레이크하며 잡는다.

Step 5

리플 셔플을 위해 두 블록의 안쪽 모서리만을 가까이하며 들어 올린다.

Step 6

왼손이 왼손의 블록 일부를 먼저 리플한다.

Step 7

왼손의 브레이크 아래의 모든 카드와 오른손의 모든 카드를 교차하여 리플한다. 이 리플에서 마지막으로 떨어지는 카드는 반드시 오른손의 카드여야 한다.

Step 8

step7의 리플이 끝나자마자 왼손 브레이크 위의 카드도 덱 위에 내려놓는다.

Step 9

양손의 검지가 서로를 향해 상단 카드들을 민다.

Step 10

step 9과 동시에 안쪽 모서리만을 리플하기 위해 기울였던 양 블록을 일자로 만든다.

기울였던 블록을 일자로 만들게 되면 step 9에서 검지가 밀어 넣었던 카드를 제외하고는 교차된 카드들이 모두 빠져나오게 된다.

오른손의 엄지가 오른쪽 블록을
아주 살짝 들어 올려 왼손 블록
에 공간을 확보한다.

Step 12

손 전체를 이용해 블록 간 공간
을 커버하며 엄지가 확보한 왼손
블록의 공간 안으로 양 블록을
합친다.

이때 오른쪽 블록만이 일방적으로 왼쪽으로 이동하게 되면 매우 부자연스러우
니 양손이 동시에 서로를 향하며 합치도록 한다.

추가설명 & 팁

카드를 합치는 마지막 순간 재로우 셔플은 실제 리플 셔플과 달리
블록 간 교차가 되어 있지 않아서 두 블록이 굉장히 쉽게 합쳐져
부자연스럽게 보일 수 있으므로 양 블록을 합칠 때 손에 약간의
힘을 주는 연기를 해 주면 한층 더 실제 리플 셔플의 모습에 가까
워질 것이다.

3-1 심플 재로우 셔플(Simple Ver.)

기술적으로 더 간단한 방법의 재로우 셔플이다.

Step 1

덱을 테이블 그립으로 잡는다.

Step 2

왼손 검지로 슬립 컷을 이용, 오른손이 탑 카드를 제외한 상단 절반을 오른쪽으로 가져간다.

Step 3

양 블록의 하단부터 중단까지는 정상적인 리플 교차를 시킨다.

Step 4

왼손의 탑 카드 바로 아래에 오른손 블록의 카드의 소량의 카드가 뭉쳐 있게 리플한다.

Step 5

양손의 검지가 서로를 향해 양 블록의 상단 카드들을 민다.

이때 양손이 덱의 양쪽을 감싸듯이 자연스럽게 커버한다.

Step 6

step 5과 동시에 안쪽 모서리만을 리플하기 위해 기울였던 양 블록을 일자로 만든다.

기울였던 블록을 일자로 만들게 되면 step 5에서 검지가 밀어 넣었던 카드를 제외하고는 교차된 카드들이 모두 **빠져나오**게 된다.

Step 7

오른손의 엄지가 오른쪽 블록을 아주 살짝 들어 올려 왼손 블록에 공간을 확보한다.

Step 8

오른손의 블록 전체를 step 7에서 엄지가 확보한 왼손 블록의 공간 안으로 밀어 넣는다.

트릭딜
Trick deals

트릭딜 소개
Trick deal

트릭딜이란 정상적인 딜 즉 탑딜(탑 카드를 딜하는 것)을 모방하는 기술들이다. 대표적으로 세컨딜과 바텀딜이 있다. 세컨딜은 탑에서 두 번째 카드를 딜을 하는 기술이며 주로 탑 카드의 위치를 유지하며 딜을 해야 할 때 사용된다. 바텀딜은 많은 사람들이 한 번쯤은 들어 봤을 '밑장빼기'이다. 말 그대로 카드의 제일 밑장 즉 바텀 카드를 딜을 하는 것이며 응용법은 무궁무진하나 실전에서 자연스럽게 기술을 구사하기 위해서는 엄청난 연습량이 필요할 정도로 난이도가 어렵다. 세컨딜과 바텀딜 이 두 기술 모두 대표적으로 두 가지 방식이 존재한다. 세컨딜은 스트라이크 세컨딜 그리고 더블 푸시오프 세컨딜이라는 두 가지 기술이 존재하며, 바텀딜도 스트라이크 방식과 그리고 릴리즈 아웃 방식이 존재한다.

• • • 메카닉 그립+베벨
Mechanic's Grip+bevel

모든 트릭딜에서 가장 중요한 기술적 요소는 그립이다. 초보자들이 각종 트릭딜에서 대표적으로 범하는 실수는 그립의 중요성을 너무나 과소평가한다는 것이다. 앞으로 배울 트릭딜들은 대부분은 제일 기본적이고 보편적인 메카닉 그립을 이용한 트릭딜들이니 메카닉 그립만큼은 확실하게 손에 익혀 놓아야 한다.

메카닉 그립
엄지는 덱 위를 중지 약지 소지가 덱의 양옆을 검지는 카드의 앞부분을 잡는다.

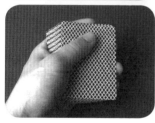
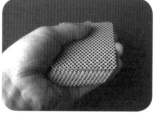

베벨 : 베벨이란 트릭딜에서 반드시 필요한 그립 기술로서 카드를 계단형으로 기울게 만드는 것이다. 베벨을 만드는 제일 기본적인 동작은 메카닉 그립에서 엄지뿌리가 덱의 좌측 하단 부분을 오른쪽으로 밀어 만드는 것이다.

멀리 있는 상대에게 카드를 날려 딜을 해야 할 때 사용하는 기술이
다. 어떤 딜이든 동일하게 적용된다.

오른손이 중지로 딜을 하기 위해 카드 한 장을 덱에서 가져왔을 때
약지가 카드의 우측에 구부린 채 위치하고 있게 한 후 원하는 곳으
로 조준한 후 손가락들을 일자로 펴면 카드가 원하는 곳으로 회전하
며 날아간다.

세컨딜
Second deal

탑 카드를 아래로 밀어내고 두 번째 카드를 잡아 딜하는 기술이다.
원리 자체는 누구나 쉽게 이해할 수 있을 정도로 간단하지만 신경
써야 할 요소가 많다.

Step 1

왼손이 메카닉 그립 + 베벨로 덱
을 잡는다.

Step 2

탑 카드의 좌측 하단 모서리를 엄
지뿌리 쪽에 축으로 고정시킨다.

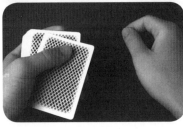

Step 3

엄지손가락이 탑 카드를 오른쪽
아래로 밀어 내려 두 번째 카드의
우측 상단 모서리를 노출시킨다.

고정된 모서리는 회전축으로서 역할을
한다.

그와 동시에 오른손은 두 번째 카드의 우측 상단 모서리를 향해 이동한다.

Step 4

오른손의 엄지와 중지가 두 번째 장의 우측 상단 부분을 잡아서 두 번째 장을 꺼내기 시작한다. 동시에 왼손의 엄지가 탑 카드를 제자리로 옮긴다.

Step 5

오른손이 두 번째 장을 딜한다.

Step 6

연달아 딜을 할 시에는 step 4~step 6을 반복.

손이 작은 편이라면 탑 카드의 좌측 하단 모서리가 고정이 되지 않을 수 있다. 탑 카드가 고정돼 있지 않으면 탑 카드를 다시 제자리로 원위치시키는 것이 힘들어진다. 이 경우 엄지손가락의 뿌리 부분이 카드의 좌측 하단 부분을 덮어 버릴 만큼 그립을 깊게 잡아 탑 카드를 고정시키는 해결책이 있다.

● ● ● 스트라이크 세컨딜 넥타이 무브(Necktie)

넥타이 무브란 두 번째 카드가 나오는 모습을 감춰 주는 커버동작이다. 관객이나 상대방이 너무 가까이 있거나 각도 상 기술 노출이 우려될 때 사용한다. 넥타이 무브라는 이름은 마치 넥타이를 매는 듯한 손동작과 흡사하여 붙여진 이름이다.

왼손이 탑 카드를 아래로 밀어 내릴 때 양손의 손목이 덱 전체를 몸 쪽으로 기울여 관객의 시야에서 덱의 윗부분을 보이지 않게 한다. 오른손이 두 번째 카드를 잡고 꺼내며 기울였던 덱은 다시 본래의 위치로 돌아간다.

● ● ● 스트라이크 세컨딜 스터드(Stud)

카드를 뒤집으며 스트라이크 세컨딜을 하는 방법이다. 단순히 엄지와 중지의 위치를 바꾸면 된다.

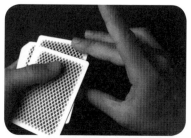

엄지와 중지의 위치를 바꿔서 두 번째 카드를 꺼낸다.
(중지가 두 번째 카드의 뒷면 쪽을 엄지가 앞면을 잡는다)

두 번째 카드가 완벽하게 탑 카드에서 벗어나면 엄지와 중지로 카드를 뒤집으며 딜한다.

만약 두 번째 카드가 탑 카드에서 완벽하게 벗어나지 않은 채로 카드를 뒤집기 시작하면 탑 카드가 같이 들어 올려져 트릭노출의 위험이 크니 주의해야 한다.

••• 더블 푸시 오프 세컨딜
Double push off second deal

모든 트릭딜 중에서 탑딜의 모습을 잘 모방한 기술이다. 손동작이 탑딜과 너무나 비슷해서 숙련된 더블 푸시 오프 세컨딜은 마술사들도 눈치 채지 못하는 경우가 많다. 스트라이크 세컨딜보다 난이도가 더 어려우며 충분한 연습을 하여도 카드의 질이 안 좋거나 기술에 집중하지 않으면 실수가 많이 일어난다. 특히 한 번에 두 장을 밀어야 하기 때문에 베벨에 신경을 써야 한다.

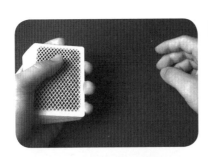

Step 1

왼손이 메카닉 그립 + 베벨로 덱을 잡는다.

Step 2

왼손의 엄지손가락이 덱의 우측 끝으로 이동한다.

Step 3

왼손의 엄지손가락이 위에서 두 장을
동시에 민다.

1. 실질적으로 두 장의 카드를 미는 부분은 엄지의 손가락 마디 부분이다.
2. 연습 초기에는 두 장만을 밀어내는 것조차 힘들다. 많은 연습을 통해 감각을
   익혀야 한다.
3. 두 장의 간격이 좁을수록 좋다.

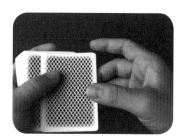

Step 4

오른손이 딜을 하기 위해 왼손이 밀
어낸 두 장의 카드를 잡으려 다가온다.

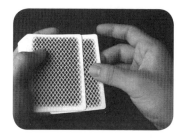

Step 5

오른손이 카드를 잡기 직전 왼손의
엄지가 탑 카드를 덱 쪽으로 당긴다.

Step 6

오른손이 두 번째 카드를 잡아 딜한
다.

연달아 딜을 할 시에는 step 2~
step 6을 반복.

추가설명 & 팁

● ● ● 실수

스트라이크 세컨딜을 배운 이후 더
블 푸시 오프 세컨딜을 배운 사람들
이 주로 하는 실수 중 하나는 두 장
의 카드를 밀어낼 때 스트라이크 세
컨딜처럼 아래로 밀어내는 것이다. 더
블 푸시 오프 세컨딜에서는 아래로
밀어낼 필요성이 전혀 없다. 보다 더 탑딜의 모습과 흡사하도록 옆으
로 미는 것이 최선의 방법이다.

● ● ● 한 번에 세 장이 밀릴 때

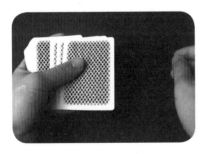 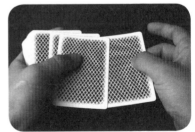

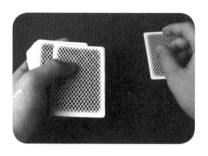

한 번에 두 장이 아닌 세 장이 밀리는 것은 실수라고 말하기 힘들 정도로 아주 흔하게 일어나는 일이다. 특히 카드의 질이 좋지 않을 때 주로 나타나는 현상인데 이 문제의 해결책은 왼손의 약지가 세 번째 카드와 접촉하여 더 밀리지 않게끔 일종의 브레이크 역할을 하는 것이다. 그 후 세컨딜을 한 후 엄지가 탑 카드를 이미 어느 정도 밀려 나온 카드까지만 당긴 후 곧바로 세컨딜을 하면 된다.

● ● ● 스터드(Stud)

카드를 뒤집으며 더블 푸시 오프 세컨딜을 하는 방법

엄지와 중지의 위치를 바꿔서 두 번째 카드를 꺼낸다.
(중지가 두 번째 카드의 뒷면 쪽을 엄지가 앞면을 잡는다)

두 번째 카드가 완벽하게 탑 카드
에서 벗어나면 엄지와 중지로 카
드를 뒤집으며 딜한다.

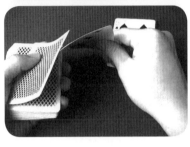

만약 두 번째 카드가 탑 카드에서
완벽하게 벗어나지 않은 채로 카
드를 뒤집기 시작하면 탑 카드가
같이 들어 올려져 트릭노출의 위
험이 그니 특별히 주의해야 한다.

● ● ● 스터드 2(Stud 2)

카드를 뒤집으며 더블 푸시 오프 세컨딜을 하는 방법 2

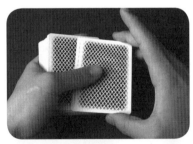

엄지와 중지가 밀어낸 두 카드의
상단과 하단부분을 잡는다.

두 번째 카드가 완벽하게 탑 카드
에서 벗어나면 엄지와 중지로 카
드를 뒤집으며 딜한다.

PART **12**

바텀딜
Bottom Deal

바텀딜의 종류

바텀딜의 종류는 굉장히 다양하고 그 수도 매우 많다. 대부분 그립의 차이에서 종류가 나누어지게 된다. 하지만 그립이 같다고 해서 다 똑같은 바텀딜이 아니다. 예를 든다면 바텀 카드를 꺼내 오는 오른손의 손가락이 중지냐 약지냐의 차이는 검지의 움직임을 제어해 버린다. 약지로 바텀 카드를 꺼내게 되면 검지가 테이블을 향해 내려가지 않기 때문에 검지와 중지 사이에 시가나 담배를 낀 채로 바텀딜을 할 수 있어 시가-바텀딜이라는 에드말로 마술사의 유명한 일화와 기술이 있다.

하지만 종류가 아무리 다양하다 한들 모든 바텀딜은 두 가지 방식으로 나눌 수 있다. 바텀 카드를 오른손이 직접 빼내는 '스트라이크' 방식과 덱을 쥐고 있는 왼손이 바텀 카드를 밀어서 오른손을 도와주는 릴리즈 아웃 방식이 있다.'

시간을 거슬러 올라가면 릴리즈 아웃 방식이 먼저 개발되었으므로 스트라이크 방식보다 훨씬 더 많이 사용되어 왔으나 시간이 흘러 점점 카드의 재질이 좋아지고 기술적으로도 발전하여 결국 요즘 세대에서는 릴리즈 아웃 방식보다는 스트라이크 방식이 훨씬 더 많이 선호되고 있는 추세다. 스트라이크 방식이 더 많은 인기를 받고 있는 대표적인 이유는 메카닉그립으로 바텀딜을 할 수 있다는 것이다. 카드를 딜을 할 때마다 그립을 바꿔야 한다면 불편할 뿐만 아니라 그립을 바꾼다는 것은 주변인들에게 자신이 바텀딜을 한다는 것을 공개

적으로 알려 주는 꼴이 될 수도 있기 때문이다. 그리고 또 다른 이유
는 릴리즈 아웃 바텀딜은 난이도가 너무 어렵다는 것이다.

하지만 릴리즈 아웃 바텀딜 역시 포기할 수 없는 큰 메리트가 있다.
스트라이크 바텀딜은 카드 상태가 좋지 않으면 한 번에 여러 장의 카
드가 쏟아져 나올 수 있다는 단점과 필요 이상으로 오른손의 중지가
왼손 아래로 깊게 들어간다는 점이 있지만 푸시 아웃 바텀딜은 카드
상태는 관계없이 한 장 한 장 실수 걱정 없이 안전하게 바텀 카드를
꺼낼 수 있으며, 오른손의 중지가 왼손의 아래까지 필요 이상으로 깊
이 들어가지도 않는다.

어느 방식의 바텀딜을 연습할 것인지는 개인의 선택이며 어떤 방식을
선택하든 선택하지 않은 방식 역시 일정 수준까지는 연습을 하는 것
을 권장한다.

● ● ● 바텀딜을 배우기에 앞서

바텀딜은 덱의 두께에 비례해 난이도가 쉽고 어려워진다. 연습 초기
에는 덱 전체가 아닌 반 덱(26장) 정도로 연습을 하여 바텀딜의 감각
을 쉽게 익힌 후 차차 카드의 수를 늘려 가며 연습하는 것을 권장한
다.

오른손이 그대로 바텀 카드를 덱에서 가져오는 방식의 바텀딜이다.

Step 1

왼손이 메카닉 그립+베벨로 덱을
잡는다.
실제로 덱을 지탱시키는 힘은 검지와 덱
의 좌측 하단 맞닿아 있는 손바닥이다.

Step 2

왼손의 중지와 검지의 간격을 벌려
오른손의 중지가 들어갈 수 있는
공간을 확보한다.

Step 3

왼손의 엄지가 탑 카드를 민다.

Step 4

오른손의 엄지는 탑 카드 위로 이동하며 동시에 오른손의 중지가 덱 아래로 왼손의 중지와 검지 사이의 공간으로 들어간다.

Step 5 오른손의 중지가 바텀 카드를 꺼낸다.

스트라이크 바텀딜에서 가장 까다로운 부분이다. 연습 초기에는 중지 손가락만으로 바텀 카드가 잘 꺼내지지 않아 결국 힘을 아래서 위쪽으로 과도하게 주어 덱 전체가 같이 위로 들어지게 된다. 이는 바텀딜 초보들에게 나타나는 흔하고 흔한 현상이고 모두 거쳐 가는 단계이므로 크게 걱정하지 않아도 된다.

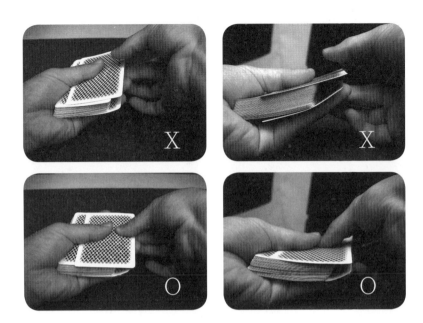

해결책은 간단하다. 덱 전체가 들어 올려진다면 오른손의 엄지손가락이 덱을 아래로 눌러 들어 올려지는 덱을 강제로 억제시키면 해결된다. 그럼 마치 오른손의 엄지와 중지가 카드의 옆면을 쥐어짜서 바텀카드를 꺼내는 듯한 모습이 된다. 지속적인 연습을 통해 적은 힘으로도 수월하게 카드를 빼낼 수 있게 된다면 덱의 옆면을 쥐어짜 카드를 꺼내는 듯한 느낌은 사라지고 훌륭한 바텀딜이 될 것이다.

Step 9

왼손의 엄지가 탑 카드를 다시 덱 위로 당기고 동시에 오른손의 엄지와 중지가 바텀 카드를 잡아 딜한다.

● ● ● 바텀딜에서의 베벨의 역할

베벨을 하지 않는다면 손가락들이 덱을 감싸 쥐고 있는 상태이기 때문에 바텀 카드가 걸려 나올 수가 없다.

베벨을 이용한다면 손가락들이 펴져 있어 바텀 카드가 손가락에 걸리지 않고 나올 수 있다.

● ● ● 스터드 스트라이크 바텀딜(Stud)

● 카드를 뒤집으며 바텀딜하는 방법

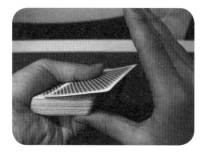

Step 1

오른손의 중지 대신 엄지가 덱 아래로 이동한다.

Step 2

나머지 엄지를 나머지 네 손가락
들은 탑 카드 위에 위치한다.

Step 3

엄지가 탑 카드를 당기며 동시에
바텀 카드를 오른손이 위쪽으로
뒤집으면 빼낸다.

03

릴리즈 아웃 바텀딜(버클 아웃 방식)
(Buckle out bottom deal)
credits : Richard Turner, S.W Erdnase

왼손이 바텀 카드를 당겼다가 풀어 주는 원리로 카드를 밖으로 밀어
내는 버클 아웃 방식을 이용하여 오른손에게 카드를 전달해 주는 방
식이다. 손이 크면 클수록 유리하고 손이 작은 사람들에게는 검지가
덱의 상단부분을 지탱하기가 어렵기 때문에 좀 벅찰 수 있는 기술이
다. 많은 사람들이 이 바텀딜은 카드를 꺼내는 버클 아웃 기술 때문
에 스트라이크 바텀딜보다 빠른 딜링이 불가능하다고 말하기도 하지
만 그건 굉장히 잘못된 생각이다. 오히려 반대로 버클 아웃 때문에
오른손과 왼손의 바텀 카드 간의 간격이 좁아지기 때문에 스트라이
크 바텀딜보다 빠른 딜링이 가능하다.

Step 1 메카닉 그립에서 중지가 덱의 우측 상단 모서리로 이동한
그립+베벨된 그립으로 덱을 잡는다.
실제로 덱을 지탱시키는 힘은 검지와 덱의 좌측 하단 맞닿아 있는 손바닥이다.

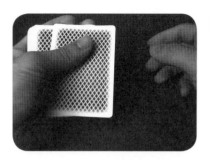

Step 2

왼손의 엄지손가락이 탑 카드를 민다.

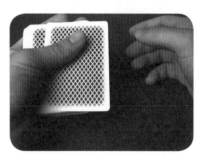

Step 3

왼손의 약지와 소지가 덱 아래로 이동한다.

왼손의 약지와 소지가 바텀 카드의 우측 중앙 끝에 위치한다.

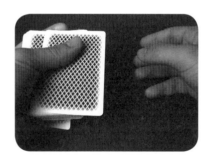

Step 4

왼손의 약지와 소지가 바텀 카드를 왼쪽 아래로 카드를 당긴다.

카드를 손 안쪽으로 당기게 되면 카드가 휘어지게 되는데 이것을 버클이라고 한다.

당겼던 약지와 소지를 펴 자연스럽게 바텀 카드가 손가락을 따라서
나오게 한다.

이때 바텀 카드는 탑 카드와 최대한 동일선상에 위치하도록 한다.

Step 6

왼손의 엄지가 탑 카드를 다시 덱
위로 당기며 동시에 오른손의 엄
지와 중지가 바텀 카드를 잡아 딜
한다.

3-1 너클 플래시(Knuckle flash)

버클 아웃 바텀딜의 주된 단점은 덱 아래에서 보면 버클 아웃을 할 때마다 왼손의 약지손가락의 관절이 튀어나와 움직이는 것이 보인다는 것이다. 이것은 너클 플래시라고 하며 아무리 버클 아웃 기술을 짧고 작은 동작으로 간결하게 한다 해도 관절이 움직이는 것은 막을 수는 없기에 관객이 덱 아래를 볼 수 있는 각도라면 너클 플래시를 피할 수는 없다.

관객의 시야에서 덱 아래가 노출되어 있다면 손목을 앞쪽으로 기울여 덱 아래를 관객의 시야에 숨긴 채 바텀딜을 하는 것도 좋은 방법이다.

● ● ● 버클 아웃 바텀딜 스터드(stud)

● 카드를 뒤집으며 바텀딜

Step 1

오른손의 중지 대신 엄지가 버클 아웃된 바텀 카드 아래로 이동한다.

Step 2

나머지 엄지를 나머지 네 손가락들은 탑 카드 위에 위치한다.

Step 3

엄지가 탑 카드를 당기며 동시에 바텀 카드를 오른손이 위쪽으로 뒤집으면 빼낸다.

04

숙련된 눈과 안 보이게 하는 법

많은 사람들은 손은 눈보다 빠르다는 환상을 가지고 바텀딜을 배우기 시작한다. 하지만 사실 바텀딜은 마술사가 안 보이게 해야 하는 기술이지 안 보이는 기술은 절대 아니다. 아무리 훌륭하고 대단한 타짜나 마술사가 바텀딜을 코앞에서 하면 안보일 수가 없다. 물론 처음에는 알고도 안 보일 수 있겠으나 반복해서 보면 볼수록 명확하게 바텀딜을 구분해 낼 수 있게 되는데 이것을 숙련된 눈(trained eyes)이라고 한다.

그래서 바텀딜은 다른 마술과는 다르게 주변인들에게 조언을 얻기 위해 연습과정을 보여 주면 주변인들이 자신들도 모르게 숙련된 눈을 가져 버리게 되어 실력이 많이 좋아졌다 해도 그들은 항상 적나라하게 밑장이 나오는 게 보인다고만 지적할 것이다. 이것은 마술사의 연습을 지치게 만든다. 바텀딜의 연습과정은 바텀딜에 대해서 공부를 이미 한 사람에게 보여 주어 조언을 구하거나, 아니면 숙련된 눈을 가지지 않은 사람들에게 바텀딜을 보여 준 후 뭔가 이상한 점을 느꼈는지를 물어보는 일종의 방법으로 자신의 실력을 검증해 나가야 한다.

결국은 바텀딜의 핵심은 기술 자체가 아닌 바텀딜을 안 보이게 하는 요령이다.

4-1 바텀딜을 안 보이게 하는 요소 1 [동작]

밑장을 빼낼 수 있다 해도 그것이 탑딜의 모습과 다른 모습이라면 그 것은 바텀딜이라고 할 수 없다. 그러므로 바텀딜을 연습하면서 자신 의 탑딜의 모습 역시 같이 연구해야 한다. 하지만 때로는 바텀딜의 기술상 탑딜의 모습을 모방하지 못하는 경우가 있을 수도 있다. 그럴 때에는 차라리 탑딜을 바텀딜의 모습에 맞춰 버려 탑딜과 바텀딜의 차이점을 최소화해야 한다.

● ● ● 탑딜과 바텀딜의 차이점을 줄이는 대표적인 동작들

1. 왼손의 엄지손가락

탑딜이든 바텀딜이든 왼손의 엄지손가락은 계속해서 양옆으로 분주 하게 움직이는데, 바텀딜을 할 때의 엄지손가락은 기술상 무조건 탑 카드를 밀었다 당겨야 하기 때문에 탑딜의 엄지손가락의 동작을 따 라 할 수 있는 상황이 되지 못한다. 고로 탑딜 엄지 동작을 바텀딜 엄지 동작에 맞춰 차이점을 줄여야 한다.

2. 깊게 들어가는 오른손의 중지(스트라이크 바텀딜)

기술상 스트라이크 바텀딜은 바텀 카드를 꺼내 오기 위해 중지가 왼 손의 덱 아래까지 들어가게 된다. 하지만 탑딜의 경우에는 오른손의 중지가 덱 아래까지 갈 이유가 전혀 없으므로 바텀딜과의 동작에서 차이점이 발생할 수밖에 없다. 그렇다고 바텀딜 시 중지가 덱 아래로 안 갈 수가 없으니 이 차이점을 줄이기 위해선 탑딜을 할 때에도 중 지가 덱 아래 깊이 들어가 바텀딜과 같이 바텀 카드와 접촉해야 한다.

3. 바텀딜 높이 조절

 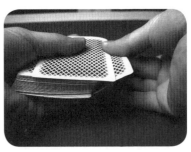

바텀 카드가 오른손에 의해 나오게 될 때 탑 카드의 높이와 일치해
야 한다. 바텀 카드를 위쪽으로 당기면서 높이 조절을 하며 카드를
빼내야 한다.

4. 바텀딜을 감추는 과장된 동작

 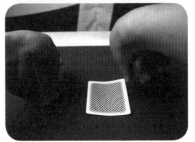

딜을 할 때마다 양손이 테이블 아래쪽을 향해 떨어지는 동작

5. 딜을 할 때마다 양손이 서로를 향해 크게 오가는 동작

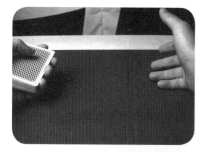

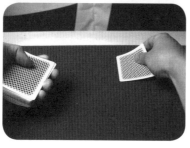

4-2 바텀딜을 안 보이게 하는 요소 2 [리듬]

아무리 많이 강조해도 지나치지 않을 만큼 바텀딜에서 일정하고 균일한 리듬만큼 중요한 것은 없다. 만약 바텀딜을 할 때마다 탑딜과 다르게 카드가 나오는 속도가 너무 늦거나 지나치게 빠르다면 의심을 할 수밖에 없을 것이다. 특히 바텀딜은 세컨딜과는 다르게 탑딜 도중에 관객 몰래 바텀딜을 섞어 쓰는 경우가 많기 때문에 리듬을 연습하지 않으면 안 된다.

● ● ● 바텀딜과 탑딜의 리듬이 다른 대표적인 이유들

1. 탑딜과 바텀딜의 동작 차이가 심한 경우
바텀딜과 탑딜의 동작의 차이점을 최소화하지 못하면 기술 자체가 다르기 때문에 리듬 역시 달라질 수밖에 없다.

2. 바텀딜 시 과도하게 힘이 들어가는 오른손의 중지와 엄지
힘은 곧 카드가 빠져나오는 속도와 연관된다. 연습을 통해 최적의 힘을 찾아야 한다.

3. 탑딜 속도를 기준으로 잡는 경우
초보자의 경우에는 바텀딜의 속도와 탑딜의 속도 차이가 크기 때문에 바텀딜이 탑딜의 속도를 따라갈 수가 없다. 바텀딜이 능숙해져 빠른 속도를 낼 수 있기 전까지는 탑딜을 바텀딜의 속도에 맞춰 연습하는 것이 일정하고 균일한 리듬에 도움이 된다.

4. 지나치게 빠른 속도

바텀딜은 손가락과 동작 하나하나 신경 써야 할 게 많은 기술이다. 기술에 능숙하지 않은 상태에서 지나치게 빠른 속도로 딜을 하게 되면 신경 써야 할 부분을 빼먹거나 버벅거리는 실수를 유발하게 되어 리듬 자체가 무너져 버릴 수 있다. 중요한 것은 일정하고 균일한 리듬이지 빠른 속도가 아니다.

■■ 리듬연습법

오로지 일정한 리듬만이 목표

■■ 초급

다섯 장의 카드 중 네 장은 탑딜로 마지막 카드 혹은 첫 번째 카드를 바텀딜로 테이블에 딜하며 연습

■■ 중급

다섯 장의 카드 중 세 번째 카드만을 바텀딜로 딜하며 연습

■■ 고급

바텀딜과 탑딜을 번갈아 가면서 계속 테이블 위에 딜하며 연습

••• 덱 하단 숨기기

스트라이크 바텀딜도 마찬가지지만 특히 버클 아웃 바텀딜은 덱의 하단에서 비밀스러운 손가락들의 움직임이 많기 때문에 관객에게 덱 하단만큼은 절대로 노출시켜선 안 된다. 때문에 관객이 덱을 위에서 아래로 내려다보는 상황을 항상 유지시켜야 한다. 하지만 그럴 수 없는 경우 예를 들어서 테이블이 너무 높아 관객과 덱의 눈높이가 같다면 일어서서 덱을 앞쪽으로 기울여서라도 덱 하단을 가려야 하기도 한다.

••• 가장 이상적인 각도

바텀딜은 가장 이상적인 관객의 위치는 바로 왼쪽이다. 카드를 오른쪽으로 딜을 하기 때문에 왼쪽에서는 딜하는 카드가 탑 카드인지 바텀 카드인지 전혀 알 수가 없다. 반면에 가장 피해야 할 관객의 위치는 오른쪽이다. 카드를 꺼내는 덱의 우측이 시야에 들어오기 때문이다. 바텀딜을 하지 말아야 할 정도의 노출위험은 아니나 오른쪽에 위치한 관객은 피할 수 있다면 피하는 것을 권장한다.

4-4 바텀딜을 안 보이게 하는 요소 4 [정보]

관객은 마술사가 바텀딜을 할 수 있다는 그 자체를 알게 되면 굳이 바텀딜을 하지 않아도 신기한 마술을 보면 바텀딜을 했을지도 모른 다는 의심을 가지게 된다. 이는 마술의 신비함을 떨어트리는 것을 물론, 딜 하나하나까지 자세히 관찰하려는 관객은 마술사에게 큰 부담이 된다. 결국에는 관객에게 바텀딜이 가능하다는 정보는 주지 않는 것이 최선이며, 바텀딜을 사용할 때에도 마치 대수롭지 않은 일반적인 탑딜인 것처럼 뻔뻔하게 딜을 해야 한다.

실제로 일반인 20명을 대상으로 작은 실험을 해 보았다.

첫 번째 그룹 10명에게는 아무 말 없이 바텀딜을 보여 준 후 반응을 지켜보았고, 두 번째 그룹 10명에게는 밑장빼기를 연습 중이니 봐 달라고 한 후 반응을 지켜보았다.

한 명씩 마주 본 채 실험을 하였고 다섯 장의 카드 중 첫 번째와 마지막 카드만 탑딜을, 중간 세 장은 바텀딜을 했다.

예상을 뛰어넘는 결과가 나왔다.

첫 번째 그룹의 사람들 10명 모두 바텀딜을 전혀 생각조차 하지 못했으며, 두 번째 그룹의 사람들 중 6명이 수상하거나 밑장빼기가 보인다는 반응이 나왔다. 결국 하나의 정보가 이토록 큰 차이를 만든 것이다.

바텀딜을 연습하다 보면 탑딜과는 다르게 바텀딜을 할 때마다 쓰윽
쓰윽 하는 소리가 들리는 것을 알 수 있을 것이다. 이 소리는 바텀딜
시 덱의 모서리와 바텀 카드가 마찰되어 나는 마찰음이다. 물론 딜
러가 신경 써서 조심하여 천천히 바텀딜을 하면 마찰음을 어느 정도
줄일 수는 있으나 기술 원리상 마찰음을 아예 없애는 것은 불가능하
다. 일부 딜러들이 이 문제점에 대해 제시한 해결책은 바로 기본적인
탑딜을 할 때에서도 고의적으로 마찰음을 만들어 바텀딜의 마찰음
을 자연스럽게 들리게 하는 것이다.

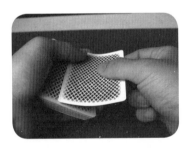
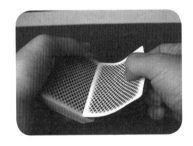

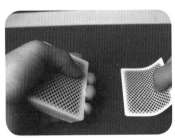

● ● ● 탑딜 마찰음 만들기

탑딜 시 오른손이 탑 카드의 우측
부분만을 살짝 들어 탑 카드의 좌측
끝부분을 덱의 표면과 스쳐 소리가
나게 한다.

BONUS

Step 1 어드네스(ordinary) cut

Step 2 언더 컷

Step 3 언더 컷한 블록 왼손 블록 위에 올리며 왼손 엄지 브레이크

Step 4 브레이크 아래 블록 언더 컷

Step 5 언더 컷한 블록 폴스 스트리핑 컷

Step 6 푸시 뜨루 셔플 마지막 블록을 합치지 않고 오른쪽으로 사이드 조그

Step 7 사이드 조그된 카드를 업 더 래더 컷

Step 8 푸시 뜨루 셔플

Step 9 겔블러스 폴스 컷

Step 10 재로우 셔플(심플)

02

테이블 위에 카드를 펼치는 기술이다. 주로 마술을 하기 앞서 관객에
게 카드를 고르게 할 때나 아무 이상이 없는 일반 카드라는 것을 확
인시켜 주기 위해 사용한다.

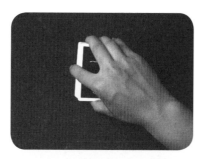

Step 1
오른손으로 사진과 같이 덱을 잡
는다.

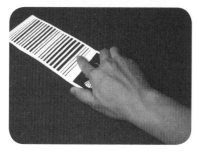

Step 2
검지가 덱의 왼쪽부분을 누르며
바닥에 카드를 아래서부터 놓으
며 움직인다.

● ● ● 리본 스프레드 턴 오버

리본 스프레드한 카드들을 화려하게 넘길 수 있다. 표면이 딱딱한 바
닥에서는 실패할 가능성이 높다.

Step 3

왼손으로 바텀 카드의 왼쪽면만
들어 올린다.

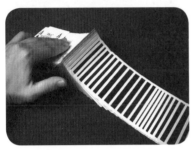

Step 4

바텀 카드를 뒤집기 시작하면 옆
의 카드들도 연달아 자연스럽게
뒤집어진다.

Step 5

제일 솟아난 카드 위에 손가락이나 카드를 올려놓고 뒤집어지는 카드
들을 양옆으로 원하는 대로 움직일 수도 있다.

03

한 손 바텀딜 체인지
One handed bottom deal change
credit : daryl

한 손 바텀딜을 이용하여 카드가 바뀌는 연출의 마술

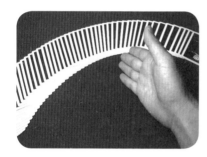 

Step 1 리본 스프레드를 한 후 관객에게 카드를 고르고 기억하도록 하게 한다.

물론 마술사는 카드를 보지 않는다.

Step 2
관객이 카드를 골라 카드를 기억하고 있을 때 마술사는 리본 스프레드를 접고 테이블 그립으로 카드를 잡는다.

Step 3

관객의 카드를 덱 위에 돌려받는
다.

Step 4

탑 카드의 위치는 변하지 않게 폴
스 컷, 폴스 셔플로 카드를 섞는
적한다.

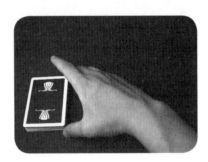

Step 5

테이블 위 마술사의 왼편에 덱을
내려놓는다.

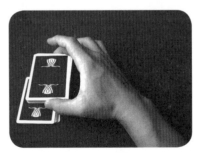

Step 6

관객에게 덱에서 카드를 관객이
원하는 만큼 떼어 내 마술사에게
달라고 한다.

Step 7

마술사가 관객이 떼어 낸 블록 전체를 뒤집어 왼손의 메카닉 그립으로 잡는다.

Step 8

블록을 뒤집어 보이는 카드를 보며 "이 카드가 당신의 카드입니다." 라고 관객에게 말한다.

블록을 뒤집었기 때문에 실제 관객의 카드는 왼손이 쥐고 있는 블록의 바텀 카드다.

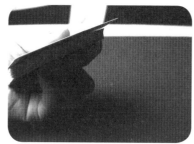

Step 9

관객이 그 카드가 아니라고 할 때 마술사는 의아한 표정을 지으며 탑 카드를 밀고 중지, 약지, 소지가 바텀 카드의 아래로 이동해 바텀 카드를 밀어낼 준비를 한다.

마술사가 "이게 아니라고요?"라는 말과 함께 탑 카드를 당기며 동시에 중지, 약지, 소지 카드가 바텀 카드를 오른쪽으로 최대한 밀어낸다.

Step 11

왼손이 블록 전체를 왼쪽으로 뒤집으며 동시에 중지, 약지, 소지 카드가 바텀 카드를 완전히 놓아 테이블 위에 바텀 카드가 떨어지게 한다.

Step 12

뒤집혀진 블록은 아주 자연스럽게 테이블 위에 남아 있는 블록의 위로 올린다.

책 제작에 도움 주신 모든 분들.
(기술조언, 편집, 촬영, 기술 펄미션, 아이디어 제공, 홍보)

Dan & Dave, Daryl, Jack Carpenter, Mr.Gordon, Lou Feng shi, Ligeia 나은실 최종웅 류지훈 정연동 하동호 최영묵 이성현 반태진 신통한 매직베이-카페-매니저(임영재) Team M.O.B Team #Assist

Present by Lecture Note Publishing 2011.